Aus den Hemmschuhen
in die Stöckelschuhe

Katrin Seifarth

Aus den Hemmschuhen in die Stöckelschuhe

Das Selbst-Coaching-Buch
für zufriedenere Mütter

FSC
www.fsc.org
MIX
Papier aus verantwortungsvollen Quellen
Paper from responsible sources
FSC® C105338

Bibliografische Information der Deutschen Nationalbibliothek
Die Deutsche Nationalbibliothek verzeichnet diese Publikation in der Deutschen Nationalbibliografie; detaillierte bibliografische Daten sind im Internet über http://dnb.d-nb.de abrufbar.

Umschlagdesign, Satz, Herstellung und Verlag:
BoD - Books on Demand

ISBN 978-3-8448-2661-6

Inhaltsverzeichnis

Danksagung

Mein Dank gilt allen Frauen und Müttern, die ich coachen durfte und die mir so viele fantastische Geschichten geliefert haben: Ihr habt mich zu diesem Buch inspiriert und gezeigt, wie facettenreich der Weg in die eigene Zufriedenheit aussehen kann. Danke für Eure vielen Beispiele. Leider konnte ich nicht alle Beispiele abdrucken, aber jedes einzelne Beispiel hat im Coaching-Prozess für mich eine bedeutende Rolle gespielt und meine Coachings mehr und mehr verfeinert.

Mein besonderer Dank gilt meinem Mann, den ich über alles liebe und für den ich in all den Jahren sicher nicht immer einfach zu verstehen war. Danke, dass Du mich auf meinem Weg bestärkt hast und mir den Rücken für meine Wünsche und Träume und dieses Buch freigehalten hast.

Danke auch meinen lieben Eltern und Schwiegereltern, ohne deren Kinderbetreuungshilfe und Unterstützung ich den Start in die Selbständigkeit nicht so problemlos geschafft hätte.

Und danke an meine beiden Söhne, dass Ihr so seid, wie Ihr seid, und dass Ihr Verständnis dafür habt, dass in unserer Familie kein Platz für ein Haustier ist. Ich bin sehr stolz auf Euch und freue mich, dass unser Lebensmodell so gut aufgeht.

Einführung:

Unglücklich in Paris oder Meine Motivation für dieses Buch

Nach meinem BWL-Studium begann ich mit 24 Jahren meine Berufslaufbahn im Marketing eines großen Markenartiklers. Mein Motto war: »Gas ist rechts!« Die Hürde zur ersten Beförderung nahm ich spielend, ich arbeitete zehn bis zwölf Stunden am Tag, ohne auch nur im Geringsten darüber nachzudenken. Das taten schließlich alle um mich herum – jung, dynamisch und auf dem Weg zu den Sternen. Nach fünf Jahren auf der Überholspur kamen mir die ersten Zweifel, ob dieser Weg langfristig der richtige für mich sei. Ich hatte mittlerweile meinen Mann kennengelernt und drei Jahre später geheiratet. Den Job im Linien-Marketing tauschte ich gegen die vermeintlich ruhigere Stabsstelle ein. Das war sicher ein Trugschluss, denn ob ein Job »ruhig« ist oder nicht, liegt an einem selbst, wie ich feststellen musste, an dem Anspruch, den man an sich selbst stellt, und daran, wie und wovon man sich stressen lässt. Es wurde überhaupt nichts ruhiger. Ich setzte mich selbst unter den Druck, in meiner neuen Funktion bahnbrechende Innovationen auf den Weg bringen zu müssen, und keine meiner Ideen war mir gut genug.

Aber wie praktisch ist es doch, eine Frau zu sein, denn Kinder wollten wir sowieso, warum also nicht jetzt. Da ich mit einer

Mutter aufgewachsen bin, die immer zu Hause war und das Weltbild hatte, dass jede andere Mutter eine Rabenmutter ist, war für mich klar, dass ich auf jeden Fall zu Hause bleibe, bis das Kind im Kindergarten ist. So konnte ich eine schöne Auszeit nehmen, meldete mindestens drei Jahre Elternzeit an und folgte meinem Mann von Stadt zu Stadt. Dieser nutzte die neu gewonnene räumliche Freiheit für eine längst fällige berufliche Umorientierung, die mit einigen Karrieresprüngen, aber auch Umzügen verbunden war. Die Geburt unseres ersten Kindes war, wie zu erwarten war, ein einschneidendes Erlebnis. Zum ersten Mal in meinem Leben empfand ich tiefe Dankbarkeit. Ich war rundum glücklich und zufrieden.

Ich möchte hier kurz innehalten, liebe Leserin. Wenn Sie genau dieses rundum glückliche und zufriedene Gefühl empfinden und es Ihnen an nichts fehlt, dann genießen Sie es und verändern Sie nichts! Ich möchte an keiner Stelle sagen, dass alle Mütter arbeiten sollten oder Familie und berufliche Karriere nebeneinander stellen sollten. Diese Entscheidung ist zum Glück noch jeder Familie, so finanziell machbar, selbst überlassen. Dieses Buch richtet sich vielmehr an diejenigen unter Ihnen, die ständig mit sich hadern, die das Gefühl haben, in der Berufswelt etwas zu verpassen, und die sich eben nicht ausgeglichen und zufrieden fühlen, weil ihnen die Karriere fehlt, weil sie mehr Zeit für sich brauchen, weil sie Bereiche vernachlässigen, die ihnen wichtig sind (den Mann, den Sport, die Freunde), weil ihr neues Leben als Mutter einfach nicht so ist, wie sie es sich vorgestellt haben. Dabei geht es um jegliche Form der Verwirklichung Ihrer eigenen professionellen und/oder privaten Ziele, egal ob Sie in Teilzeit arbeiten, Geschäftsführerin oder überzeugte Hausfrau und Mutter sein wollen.

Genau an diesem Punkt, an dem ich bemerkte, dass mir etwas fehlt, war ich schneller, als ich dachte. Nach drei Monaten Windeln wechseln, stillen und in die großen, neugierigen Kinderaugen schauen, wurde das wunderbare Neue zum Alltag. Daneben machte sich eine große Leere breit. Mein Mann hatte meine Pause genutzt, um auf der Karriereleiter die nächste Stufe zu nehmen. Zum ersten Mal beschlich mich der Gedanke: »Da, wo er jetzt ist, könntest du auch sein.« Aufgrund unserer gleichen Ausbildung waren wir so schrecklich vergleichbar.

Da in meinem Kopf schon lange die Idee schlummerte, mich als Trainerin selbständig zu machen und die Dinge, die ich jahrelang erfolgreich angewendet hatte, an andere weiterzugeben, war ich dankbar über die Chance, die sich mir bot, in einem großen Konzern Trainingsprogramme für Universitätsabsolventen aufzusetzen und durchzuführen. Von da an bestimmten die Trainings zum Thema »Zeitmanagement, Meeting-Führung, Präsentieren und Kommunizieren« meinen Tagesablauf. Trotzdem blieb mir noch genug Zeit für unseren Sohn. Schweren Herzens, da ich schließlich als Übermutter geboren war, gab ich ihn im Alter von neun Monaten, nachdem Omas und Opas pausenlos zur Betreuung angereist waren, in die Obhut einer Tagesmutter. Meine Bedenken waren absolut unbegründet, er fühlte sich wohl. Und ich lernte meine erste Lektion, nämlich dass ich eine gute Menschenkenntnis habe, die mir bei der Auswahl dieser tollen Frau namens Hanne geholfen hat. Ich hätte das ganze Gerede, wie: »Da musst du aber aufpassen, von Tagesmüttern habe ich schon schlimme Geschichten gehört«, demnach viel gleichgültiger an mir vorbeigehen lassen sollen. Unser Sohn hatte durch die anderen Kinder sogar eine Ansprache, die ich ihm nie alleine zu Hause hätte geben können, es

Meine persönlichen 4 Lektionen

Lektion 1: Auf die eigene Menschenkenntnis und Intuition vertrauen.

sei denn, ich hätte mich jeden Morgen mit anderen Müttern und deren Kindern zum Kaffeetrinken getroffen, und das hätte meine Leidensschwelle definitiv überschritten. Ich hätte also wissen müssen, dass ich mich auf meinen Instinkt verlassen kann. Aber dies war sicher nicht das letzte Mal, dass ich nicht genug an mich geglaubt hatte und mir mit meinen eigenen Ansprüchen an mich selbst im Weg stand.

Nach einem weiteren Jahr kündigte sich Kind Nummer 2 an. Gleichzeitig verschlug uns der Beruf meines Mannes nach Paris. Konnte ich beim ersten Kind den Hemmschuh mit der Aufschrift »Ich muss zu Hause bei meinem Kind bleiben« noch abstreifen, so hatte ich nun gleich zwei Hemmschuhe wieder an, und diesmal klebten sie fest. Unser ältester Sohn war aufgrund der fremden, für ihn unverständlichen Sprache aus der Bahn geworfen und in sich gekehrt statt wie bisher extrovertiert und fröhlich. Gleichzeitig kündigte sich im Bauch seiner Mutter sichtbar für ihn das nächste »Unheil« an. In dieser schwierigen Situation wollte ich ihn nicht auch noch in fremde Hände geben, obwohl dies in Frankreich an der Tagesordnung ist. Wenn ich mich damals schon mehr mit dem Thema befasst gehabt hätte, hätte ich gewusst, dass das, woran ich im folgenden Jahr litt, eine nahende Depression war, die sicher behandlungswürdig gewesen wäre. Ich saß in einer der schönsten Städte Europas mit einer intakten Familie, zwei gesunden und entzückenden Kindern und konnte mich an nichts mehr freuen. Hausarbeit hatte mir noch nie gelegen, die Kinder forderten mich rund um die Uhr (mehr körperlich als intellektuell) und ich fand mich wieder in einer Gruppe von Expat-Frauen, die sich alle von morgens bis abends darüber beklagten, wie ihre Karriere und ihr Leben auf der Strecke blieben und wie rücksichtslos ihre Männer seien.

Ich habe mir damals einmal wieder etwas nicht zugetraut, nämlich meine Trainings auf Französisch zu halten und die Kinder zeitweise in die Hände einer Nanny zu geben, einfach loszulassen. Ich hatte den Mut nicht, dabei hätte es mir für meine eigene Ausgeglichenheit und Zufriedenheit so gutgetan, meinen Traum der eigenen Trainingsfirma weiterzuführen. Ich habe mich schon als Rabenmutter gefühlt, weil ich meinen Sohn aus seiner gewohnten Umgebung gerissen hatte. Es waren meine eigenen Rabenmutter-Vorwürfe – es sind übrigens fast immer nur Selbstvorwürfe, die uns von vielen schönen Dingen abhalten. Im Leben einer jeden Mutter gibt es unzählige Situationen, in denen wir uns diesen Vorwurf selbst machen: Wir bringen zum Fußballturnier den Coppenrath-&-Wiese-Kuchen statt den selbst gebackenen – Rabenmutter! Wir sind die letzte Mutter, die ihr Kind aus der Betreuung abholt – Rabenmutter! Wir haben wegen eines Geschäftstermins den Elternabend verpasst – Rabenmutter! Ich bin mir sicher: Hätte ich diese Selbstvorwürfe abgestreift, hätte die ganze Familie davon profitiert. Sie hätte eine zufriedene Mutter und Partnerin gehabt. Außerdem hätte unser ältester Sohn die Sprachbarriere viel schneller hinter sich gelassen, auch wenn es anfangs hart gewesen wäre. Von einer Nanny hätte er die französische Sprache akzeptiert, von mir aber nicht.

Lektion 2: Loslassen und Delegieren.

Als ich die Nanny dann endlich hatte und alles reibungslos funktionierte, kehrten wir früher als erwartet nach Deutschland zurück. Ich fing gerade an, wieder Boden unter den Füßen zu spüren. Ich fing an, das Loslassen zu lernen und mehr an mich selbst zu denken. Ich hatte wieder eine Lektion gelernt, die Lektion, dass Delegieren bessere Lösungen produzieren kann, als alles selbst zu machen – eine Lektion, die

gerade für berufstätige Mütter Gold wert ist. Dank unserer fantastischen Nanny Malika lernten die Kinder die französische Sprache viel schneller und sie lernten schon früh in ihrem Leben, dass es unterschiedliche Kulturen und Hautfarben gibt. Sie bekamen hervorragendes marokkanisches Essen gekocht und hatten die Ansprache einer ausgeglichenen und warmherzigen Frau, die ihnen sichtlich guttat, wahrscheinlich stellenweise sogar besser als die Ansprache der zu diesem Zeitpunkt zerrissenen Mutter, die viel zu sehr mit sich selbst beschäftigt war.

Zurück in Deutschland, stieg ich noch einmal in meinen alten Job bei dem Markenartikler ein. Ich war motiviert, jetzt auf der Karriereleiter durchzustarten. Ich habe eine Kinderfrau engagiert, das konnte ich jetzt ohne schlechtes Gewissen, denn meine zwei Lektionen – meiner Menschenkenntnis zu vertrauen, loszulassen und zu delegieren – hatte ich gelernt. Die Hemmschuhe, dem tradierten Rollenbild perfekt zu entsprechen und alles selber machen zu müssen, hatte ich abgestreift. Ich lief, wenn auch noch auf flachen Absätzen, aber die Schuhe sahen schon viel schicker aus. Und ab jetzt ging es aufwärts. Ich stockte die Absatzhöhe auf. Trotz der Kinder und trotz einer 80%-Arbeitszeit-Regelung bekam ich ein Team von vier Leuten. Ich setzte meine Forderungen mit großer Willenskraft durch, auch wenn mein Arbeitgeber mir Vorträge darüber hielt, dass Teilzeitregelungen mit Personalverantwortung nicht vereinbar seien. Früher hätte ich mich davon beeindrucken lassen. Früher hätten mich Floskeln wie »Da hast du als Frau eh keine Chance« oder »Um hier weiterzukommen, musst du dich benehmen wie ein Mann« schwer beeindruckt. Ich hatte ihnen Glauben geschenkt. Nach den zwei Jahren in Paris wollte ich raus aus meiner Opfer-Rolle, raus aus der Rolle, die ich an mir und an so vielen anderen Müttern dort beobachtet hatte. Meine Devise war nicht mehr die Opfer-Devise: »Was soll ich denn machen, wir haben uns nun einmal für die Kinder entschieden«, »So habe ich mir das auch nicht vorgestellt«, »Für meine Ziele ist hier kein Platz momentan« oder »Da müsste mein Mann sich ändern, aber so wie der ist, kann das nichts werden«. Plötzlich fand ich diese Aussagen so armselig, dass ich mich dafür schämte, sie jemals geteilt zu haben. Jetzt forderte ich konsequent die Chance ein, das Gegenteil zu beweisen. Ich war richtig stolz auf mich, zum ersten Mal seit Jahren. Und das Modell glückte. Das Team funktionierte blendend, ich hatte ja Delegieren gelernt und ich hatte gelernt zu vertrauen. Und jetzt hatte ich meine dritte Lektion erfolgreich umgesetzt: Stelle klare Forderungen! Ich war nicht nur raus aus meinen Hemmschuhen, an meinen neuen Schuhen waren die Absätze weiter gewachsen.

Lektion 3: Aus der Opfer-Rolle heraustreten und klare Forderungen stellen.

Zwei Jahre später bei meiner alljährlichen »Fortschrittskontrolle« hatte ich dann zwar das Gefühl, karrieremäßig am Ziel angekommen zu sein, aber so ein wirkliches Glücksgefühl wollte sich nicht mehr einstellen. Außerdem fühlte ich, dass ich selbst komplett auf der Strecke bleibe. Ich verbrachte Zeit im Job, mit den Kindern (qualitativ sogar sehr wertvolle Zeit), aber mein Mann kam in meinem Leben fast genauso wenig vor wie ich selbst. Mein Leben war nicht in Balance. Ich wollte nicht enden wie viele andere in meinem Alter – als alleinerziehende berufstätige Mutter, die vielleicht sogar einmal sagen muss, dass die Liebe nicht mehr groß genug war. Auch die Beziehung braucht Aufmerksamkeit und man muss ständig daran arbeiten. Das Thema »Trainings, Coaching, Weiterbildung« rührte sich immer wieder in mir und ich stellte fest, dass ich mit diesem Thema sowohl erreichen konnte, was ich unter »Karriere« verstehe, als auch das Glücksgefühl, welches mir inhaltlich fehlte. Und das Wichtigste: Ich würde wieder mehr Zeit für das Wesentliche in meinem Leben haben: für meinen Mann, mich und die Kinder. Ich konnte Menschen persönlich weiterhelfen, und dies nicht nur mit Produkten, die genau genommen niemand lebensnotwendig braucht. Dieser Gedanke löste in mir eine tiefe Zufriedenheit aus, sodass ich den Job endgültig kündigte und mich voll und ganz dem Wiederaufbau und der kompletten Neuausrichtung meiner Trainingsfirma widmete, die ich nie vollständig hatte ruhen lassen.

Lektion Nummer 4 war gelernt: Bevor man seine Träume aufgibt, gibt es immer einen Plan B. Ich hätte zurück zum reinen Mutterdasein gehen können, sagen können: »Das hat doch alles keinen Sinn.« Aber jetzt hatte ich mich ja schon einmal auf zwei Zentimeter Absatz gebracht, da ziehe ich so schicke Schuhe doch nicht einfach aus und krame die alten schluffigen Hemmschuhe wieder hervor.

Lektion 4: Bevor man seine Träume aufgibt, gibt es immer einen Plan B.

Unter dem Namen »train effect« stieg ich wieder voll und ganz ins Trainingsgeschäft ein, machte eine Coaching-Ausbildung und baute mir ein weiteres Standbein als Moderatorin auf. Ich war motiviert und von einem starken Willen getrieben, diese Firma ins Laufen zu bringen und gleichzeitig mehr Qualitäts-Zeit mit meiner Familie zu haben. Und es ist mir gelungen. Innerhalb von sechs Monaten verdiente ich mit der Selbständigkeit mehr als vorher im Angestelltenverhältnis, und das mit der Hälfte des Zeitaufwandes.

Meine Familie und mein Mann freuten sich, mal war ich zwar ein paar Tage am Stück weg, aber dann auch wieder eine ganze Woche zu Hause. Mein Mann hat gleichzeitig mehr Verantwortung zu Hause übernommen. Wenn ich weg bin, zu Trainings oder Coachings, muss er trotz seines stressigen und reiseintensiven Jobs den Notfallplan stellen, d.h. zu Hause bleiben, wenn ein Kind krank wird, oder für eine Ersatzbetreuung sorgen, in Form der Oma, Kinderfrau, Babysitter, Nachbarn etc. Welch schöner Nebeneffekt auch für ihn, denn er ist viel aktiver am Familiengeschehen beteiligt, muss das Büro auch mal um 18.00 Uhr verlassen, weil die Kinderfrau nach Hause muss. Und auch das ist möglich, selbst im Top-Management.

Meine Kinder sind mittlerweile neun und zwölf Jahre alt und stolz auf die Mama, denn sie hat eine eigene Firma und ist Chef. ☺ Sie freuen sich über den Papa, der wieder viel mehr Platz in ihrem Leben einnimmt. Und sie sind auch stolz auf sich selbst, weil sie hier und da auch mal Dinge alleine regeln müssen, wo in anderen Familien die dauernd ansprechbare Mutter hilft. Ich möchte dies keinesfalls geringschätzen, im Gegenteil, denn manchmal bin ich nicht da, wenn die Kinder Probleme haben, und dann kann ich auch nicht trösten oder die Theateraufführung nicht sehen. Das tut weh. Aber gleichzeitig sehe ich, dass ich zwei Kinder habe, die sehr selbstbewusst und selbständig sind und vor allem als Jungen mit einem Frauenbild aufwachsen, welches mir persönlich mehr liegt als das Frauenbild, mit dem ich aufgewachsen bin.

Geprägt von meinen eigenen Erfahrungen, meinen eigenen Hemmschuhen in Form von überholten Glaubenssätzen, einem akribischen Rollenverständnis und mangelndem Selbstvertrauen, ließ mich das Thema »Mütter« nicht mehr los. So begann ich mit Gruppen-Coachings für Mütter, die mit ihrer Situation unzufrieden waren. Sie alle trugen

Hemmschuhe – und sie trugen sie gerne, denn sie waren bequem. Sie konnten sich in die Hemmschuhe zurückziehen, ohne in Argumentationsschwierigkeiten zu geraten, denn jede andere Mutter sagte sofort: »Klar, verstehe ich, geht bei mir auch nicht!« Aber sie alle hatten auch eine Lust auf Stöckelschuhe, die in ihnen schlummerte. Dieser Lust wollten wir durch die Coachings mehr Raum geben. Stöckelschuhe sind per Definition unbequemer, aber wenn wir erst einmal darauf laufen können, machen sie schon einiges her. Sie tun unserem Ego gut – und unserem Umfeld. Wer schaut sich nicht gerne eine Dame an, die erhobenen Hauptes und sicher auf diesen Absätzen unterwegs ist?

Ich entwickelte den Zehn-Schritte-Plan, der sich als Leitfaden durch dieses Buch zieht und Sie auf dem Weg vom Hemmschuh in den Stöckelschuh begleiten soll. Dieses schrittweise Vorgehen soll Ihnen helfen, Ihre eigenen Wünsche und Ziele zu definieren, Ihren Weg zu gehen und sich dabei rundum wohlzufühlen. Ich möchte, dass Sie Spaß daran haben, wieder an sich zu denken, ohne es als Zwang oder Ballast zu empfinden. Dabei ist es unerheblich, ob Sie nach einer Babypause wieder in Ihren alten Job einsteigen wollen, ob Sie eine neue Herausforderung suchen oder sich einfach nur im Privaten einige Momente für sich gönnen wollen. Das Ziel ist, dass Sie zum Gestalter Ihrer Zufriedenheit werden, die Ihnen durch das wunderschöne, aber auch einschneidende Ereignis der Geburt Ihres Kindes oder Ihrer Kinder und durch die Fokussierung auf die Mutterrolle möglicherweise abhanden gekommen ist.

Zahlreiche Mütter meiner Coaching-Gruppen haben diesen Plan angewendet und erfolgreich umgesetzt, jede auf ihre Art. Die eine ist in der Selbständigkeit glücklich geworden, die sie sich vorher nicht zugetraut hat, die andere hat sich erst einmal einen 400-€-Job gesucht, um überhaupt wieder etwas »zu machen«, die Nächste hat mit ihrem vorherigen Arbeitgeber hart um einen Teilzeitarbeitsplatz verhandelt und ihn bekommen, die Nächste hat gelernt, das reine Mutterdasein zu lieben, wie sie es immer wollte etc. Die Beispiele sind sehr verschieden und vielfältig. Einige Erfahrungen von Müttern aus meinen Coaching-Gruppen werden in diesem Buch vorgestellt. Ihre Erfahrungsberichte sind zur Veranschaulichung der Inhalte in die jeweiligen Kapitel integriert.

Begleitet werden die zehn Schritte von dem Bild des Hemmschuhs und dem des Stöckelschuhs. Sie stehen als Sinnbilder dafür, wie ich mein Leben sehe, nämlich als Opfer der Umstände (im Hemmschuh) oder als Gestalter meiner persönlichen Zufriedenheit und Zukunft (im Stöckelschuh). Keine von Ihnen sollte sich allerdings genötigt sehen, ab jetzt Stöckelschuhe zu tragen. Sie dürfen auch gerne ultraflache Ballerinas anziehen. Jede Frau hat ihr eigenes Lebensmodell. Wenn Ihnen der Begriff »Stöckelschuh« missfällt, ersetzen Sie ihn einfach durch einen anderen schönen Schuh, bei dem Sie der Tatendrang und ein Glücksgefühl überkommen, es darf eben nur kein Hemmschuh sein.

Möchten Sie mit mir die zehn Schritte zu einem zufriedeneren Leben gehen? Wollen Sie den Status quo verändern und zu mehr Zufriedenheit und Ausgeglichenheit gelangen? Wollen Sie auch das souveräne Laufen auf Stöckelschuhen lernen? Dann kann es losgehen!

Nehmen Sie sich für jeden dieser Schritte die Zeit, die Sie brauchen, bis Sie das Gefühl haben, für den nächsten Schritt bereit zu sein. Vielleicht haben Sie einzelne Schritte auch schon hinter sich gebracht, haben schon ein wenig geübt, auf Stöckelschuhen zu laufen. Dann machen Sie sich diese Schritte mithilfe dieses Buches wieder bewusst. Sie können dann auch gerne die vorgestellten Techniken überspringen und Ihre eigenen bereits existierenden Gedanken oder Aufzeichnungen hervorholen.

Wer den Hemmschuh nachhaltig ausziehen will, braucht Zeit, um einige fundamentale Glaubenssätze zu erkennen und zu überdenken, zu erneuern und zu verankern. Das geht oft nicht von heute auf morgen. Aber aufgepasst: Warten Sie nicht, bis jeder Schritt perfekt erreicht ist. Sie werden im letzten Schritt noch genug Gelegenheit zum Feinsteuern haben. Wenn Sie also grob der Meinung sind, den jeweiligen Schritt für sich einigermaßen passend definiert zu haben, sodass er ein Wohlgefühl erzeugt, dann gehen Sie zum nächsten Schritt über.

Mein Tipp:

Nehmen Sie Sich Zeit, aber versuchen Sie nicht, perfekt zu sein!

Also, sind Sie bereit, aus den alten Hemmschuhen aus- und in die neuen Stöckelschuhe einzusteigen? Dann nehmen Sie Ihren Schuhlöffel in Form dieses Buches zur Hand und los geht's!

Schritt 1:

Was will ich eigentlich? – Der Weg zu den eigenen Zielen und Wünschen

Wenn ich Frauen in meinen Coachings die Frage stelle, welche Ziele sie haben, was sie eigentlich wirklich wollen, wie sie sich ihr Leben in einigen Jahren vorstellen, kommen oft wenig konkrete Antworten. Viele Frauen und Mütter wissen recht genau, was sie nicht mehr wollen, aber nicht genau, was sie wollen. Andere möchten nur einfach mal wieder eine intellektuelle Herausforderung, egal welche. Diese Perspektive ist wenig zielführend. Es ist ein bisschen so, als würden Sie zum Bahnhof gehen und am Schalter nach einer Fahrkarte fragen. Wenn Sie gefragt werden, wo Sie hinfahren möchten, wäre Ihre Antwort: »Egal wohin, Hauptsache weg von hier!«, oder: »Irgendwohin, wo es schön ist!« Sie können sich sicher vorstellen, dass die Dame oder der Herr am Fahrkartenschalter mit dieser Äußerung nicht viel anfangen könnte und dass es unzählige Möglichkeiten für ein spannendes Ziel gibt. Dieses Ziel können aber letztlich nur Sie selbst formulieren, damit Sie auch irgendwo ankommen, wo es für Sie schön ist.

Ziele sollten »hin zu« … und nicht »weg von« … sein.

Viele Frauen sagen auch, sie möchten einen Job, der ihnen genug Zeit für die Familie lässt, in dem sie sich aber trotzdem verwirklichen können. Diese Aussage kommt übrigens oft genau in dieser Reihenfolge: Erst die Familie (die anderen) versorgen, dann der Job (sich selbst verwirklichen). Dies soll keine Wertung darstellen. Es ist nur oft ein Indiz dafür, dass wir in einer Nebenrolle unterwegs sind und uns selbst erst glücklich machen, nachdem wir alle anderen glücklich gemacht haben. Die Hauptbedingung ist, dass alle anderen glücklich sind, unter der Nebenbedingung, dass ich auch glücklich sein kann. Dies trifft zumindest auf Frauen zu, die wirklich sehnsüchtig und gerne wieder arbeiten würden. Würde ich die Reihenfolge umdrehen und erst überlegen, was mich eigentlich glücklich macht, was ich eigentlich will, unter der Nebenbedingung, dass die Familie nicht darunter leidet, würde ich völlig andere Lösungen zu Tage fördern. Lösungen, die alle vielleicht noch glücklicher machen. Denn oft ist die übertriebene Selbstaufopferung überhaupt kein Erfolgsgarant. Im Gegenteil: Wenn ich pausenlos für andere denke, spreche ich anderen die Fähigkeit ab, selbst denken zu können. Man könnte dieses Verhalten schon fast als entmündigend bezeichnen. Meine persönliche Zielsetzung, rund um die Uhr für mein Kind da zu sein, hat z.B. meinem Sohn die Fähigkeit abgesprochen, sich auf andere Personen einzustellen.

Ich möchte Ihnen zur Veranschaulichung ein Beispiel geben. Sie können dies mit der Planung eines Urlaubs vergleichen. Wenn Ihre Kinder Pferdenarren sind und Sie ein leidenschaftlicher Mountainbiker, dann könnten zwei Szenarien wie folgt aussehen:

Szenario 1: Die Kinder glücklich machen, dann mich selbst: Sie buchen einen Reiter-Urlaub in dem größten Gestüt Deutschlands, mit über 200 Pferden, 10.000 Hektar Weideland und 2.000 Quadratmeter Stallungen, mitten in der

Lüneburger Heide. (Fragen Sie mich jetzt nicht, ob es das dort wirklich gibt, es ist ein Beispiel.) Dort sind zwar keine Berge, aber Ihre Kinder sind glücklich und Sie können ja auch vom Mountainbike auf das Trekking-Rad umsteigen und im Flachland fahren.

Das Fazit: Ihre Kinder werden begeistert sein. Fraglich ist, ob sie den Unterschied zwischen dem besten Gestüt Deutschlands und einem anderen Reiterhof genauso hoch bewerten wie Sie, denn es entsprang Ihrer Wahrnehmung und Ihrem Bild von den Dingen, dass nur das größte Gestüt Deutschlands einen echten Pferdenarren vom Hocker reißen kann. Und selbst wenn Ihre Kinder unbedingt das größte Gestüt bevorzugen, so vermögen sie je nach Alter sicherlich noch weniger als jeder Erwachsene einzuschätzen, ob es nicht irgendwo eine bessere Option gibt. Sie selbst hingegen werden beim Radeln durchs Flachland bei Gegenwind mit dem einen oder anderen Gedanken einen lauschigen Single-Trail entlang eines Bachlaufs herbeisehnen und sich dann aber vernunftmäßig sagen, dass dieses Flachlandradeln ja auch mal eine »neue Erfahrung« ist. Aber so richtig glücklich darüber …?

Szenario 2: Mich selbst glücklich machen, dann die Kinder: Sie buchen einen Reiter-Urlaub auf einem Gestüt im Bayerischen Wald. Dort können Sie nach Lust und Laune mountainbiken, denn Berge gibt es genug, wie auch Touren jeglicher Länge und Schwierigkeitsgrade. Das Gestüt ist zwar nicht besonders groß, hat nur 50 Pferde, 500 Hektar Weideland und 400 Quadratmeter Stallungen, dafür bietet es ein Sonderprogramm zum therapeutischen Reiten für Kinder mit Behinderungen.

Das Fazit: Sie werden begeistert sein, denn Sie können sich mit Ihrem Mountainbike nach Lust und Laune austoben, während Ihre Kinder zunächst einmal »gut versorgt« erscheinen. Ihre Kinder sind nach anfänglichen Vorbehalten fasziniert. Sie können reiten und helfen, die Pferde zu versorgen, vielleicht sind sie sogar ganz froh, dass es nur 50 und nicht 200 sind. Auch wenn der Platz zum Reiten etwas begrenzter ist als im Szenario 1, so genügt er allemal. Was aber alles in den Schatten stellt, ist das Sonderprogramm zum therapeutischen Reiten. Ihre Kinder entdecken eine völlig neue Welt, freunden sich mit den behinderten Kindern an und helfen bei deren Reitstunden. Sie lernen Dankbarkeit für ihre Unversehrtheit und der Traum vom großen Gestüt relativiert sich. Außerdem lernen sie Verantwortung zu übernehmen für vermeintlich Schwächere und fühlen sich dadurch ganz groß. Und so entpuppt sich das Szenario, in dem Sie zuerst an sich selbst gedacht haben, in diesem Fall als das bessere oder zumindest als mindestens genauso gut wie das, bei dem Sie zuerst an Ihre Kinder gedacht haben. Es ist nur anders. Diese Option wäre Ihnen aber bei der Denkweise aus Szenario 1 verborgen geblieben.

Im Übrigen ist die Denkweise aus Szenario 2 diejenige, die die meisten Partner oder Ehemänner erfolgreich anwenden. Die Denkweise, der Kinder zuliebe auf etwas verzichten zu müssen, ist bei ihnen oft nicht so stark ausgeprägt wie bei den Müttern. Oft können Sie beobachten, wie Männer auf dem Spielplatz die Zeitung lesen, während ihre Kinder spielen. Wenn die Kinder den Vater zum Mitspielen auffordern, kommt häufig eine Antwort wie: »In zehn Minuten, wenn ich den Artikel fertig gelesen habe.« Die Kinder arrangieren sich dann anderweitig, manchmal vergessen sie nach den zehn

Wenn Sie Ihre eigenen Ziele formulieren, blenden Sie zunächst aus, was Ihre Familie von Ihnen erwartet oder was die Gesellschaft von Ihnen verlangt. Dieser Selbstverzicht produziert meist nur die zweitbeste Lösung.

Minuten, dass sie mit dem Vater spielen wollten, weil sie noch etwas Spannenderes entdeckt haben. Manchmal kommen sie wieder und fordern das Versprechen ein. Aber ist Ihnen schon einmal aufgefallen, dass die Kinder bei Ihrem Partner weniger glücklich sind, weil er vielleicht nicht sofort aufspringt? Mir ist es noch nie aufgefallen, natürlich vorausgesetzt, er löst seine Versprechen ein.

Können Sie sich mit dem Gedanken anfreunden, ganz klar zu formulieren, was Sie wollen? Können Sie sich dem Gedanken öffnen, dass das Glücklichmachen anderer, z. B. Ihres Ehemanns oder Ihrer Kinder, auf vielfältige Weise geschehen kann, und zwar als Nebenbedingung, nachdem Sie Ihre eigenen Ziele formuliert haben? Können Sie sich damit anfreunden, dass alles, was Sie bisher unternommen haben, um andere glücklich zu machen, eventuell für Ihr Umfeld nur die zweitbeste Lösung war? Können Sie sich damit anfreunden, dass Ihr Umfeld vielleicht gar nicht will, dass Sie sich deren Kopf mit zerbrechen? Selbst wenn Ihr Partner oder Ihre Kinder eine starke Präferenz für eine Sache haben, heißt das noch lange nicht, dass Sie ihnen diesen Wunsch sofort erfüllen müssen. Wenn diese Selbstaufopferung für Sie dazugehört, dann überinterpretieren Sie vielleicht Ihre Rolle als Mutter und Ehefrau, und dann müssen Sie auch den Preis dafür zahlen, wie z. B. eine latente dauerhafte Unzufriedenheit, Angst, etwas zu verpassen, oder einfach irgendwann einmal das Gefühl, etwas verpasst zu haben. Wenn man die Kinder und Partner fragt, bevorzugen die meisten eine glückliche und ausgeglichene Mutter vor einer Mutter, die ihnen jeden Wunsch erfüllt. Im Gegenteil, malen Sie sich einmal aus, welches Vorbild Sie vorleben, wenn Sie Ihrem Mann und Ihren Kindern jeden Wunsch von den Augen ablesen und alles dafür tun, damit diese glücklich sind, ohne auch nur im Geringsten an sich zu denken. Sie entwerten sich und das Bild der Mutter in der Gesellschaft. Haben wir hier nicht auch eine gesellschaftliche Verpflichtung, eine Vorbildfunktion? Lesen Sie im Folgenden einige Beispiele von Frauen bzw. Eltern, die ihre eigenen Interessen vorangestellt haben.

Felizitas, 45 Jahre, Kindergärtnerin und Sozialarbeiterin in einer Schule für behinderte Kinder, zwei Kinder (17 und 19 Jahre)

Wir wohnten in Wien, ich war als Kind oft auf dem Land und wollte gerne aufs Land ziehen.

Unser Einkommen war nicht übermäßig hoch, allerdings hatten wir für den Hauskauf eine kleine Erbschaft zur Verfügung. Mir war klar, dass ich kein Wochenendhaus haben wollte, sondern fix aufs Land ziehen wollte. Da wir beide einen sicheren Job in Wien hatten, suchten wir in der Umgebung. Wichtig dabei war mir, dass wir das Haus für UNS suchten, nicht für die Kinder.

Ich wollte nicht in Versuchung kommen, später den Kindern vorzuhalten, was wir alles für sie getan hätten.

Wir haben also das Haus gekauft, die Kinder waren damals sechs und acht Jahre alt. Mein Sohn begann mit der Schule und meine Tochter startete in der neuen Schule in der dritten Klasse. Begeistert waren die Kinder in diesem Alter von dem Standortwechsel definitiv nicht.

Es gab viele Veränderungen in unser aller Leben: Da es keine Nachmittagsbetreuung im Ort gab, musste ich fünf Jahre in unbezahlte Karenz gehen, was sich sichtlich auf unsere Finanzen niederschlug. Aber bei diesem Vorhaben ging es mir um die Wertigkeiten. Ich habe lieber wenig Geld und viel Lebensqualität, das war mein Ziel, und die Lebensqualität gab es für mich nur auf dem Land.

Jetzt, zehn Jahre später, bin ich sehr froh. Ich genieße das Leben hier und vorsichtige Fragen danach, ob die Kinder es bereuen, dass wir aufs Land gezogen sind, verneinen sie. Die Pubertät war allerdings sehr anstrengend, da es kaum öffentliche Verkehrsmittel gibt und wir die Kinder immer mit dem Auto zu Partys, Festen etc. bringen und auch wieder abholen mussten. Aber auch hier ist mir die Wertigkeit wichtiger. Mittlerweile (seit fünf Jahren) arbeite ich wieder in meinem alten Job, halbtags, und freue mich auf die Arbeit, auf meine Kinder und auch meine Zeit alleine! Den Job habe ich bewusst hinten angestellt. Mein wichtigster Wunsch war eben mein Wohnort, das brauchte ich zum Glücklichsein.

Felizitas und ihr Mann haben selbst eine so fundamentale Entscheidung wie die Wohnortentscheidung zunächst einmal für sich getroffen. Auf den ersten Blick scheint das Leben auf dem Land mit Kindern natürlich großartig, aber mit Kindern, die bereits sechs und acht Jahre alt sind, wussten beide, dass sich spätestens mit der Pubertät auch für die Kinder die Wertigkeiten relativieren würden. Trotzdem haben sie ihren Traum verwirklicht und – wie man heute sieht – den Kindern hat es an nichts gefehlt. Felizitas hat sogar das Arbeiten hinten angestellt und ihre Zufriedenheit aus dem puren Leben auf dem Land gezogen. Auch dies ist eine wichtige Erkenntnis, die Erkenntnis darüber, was mich wirklich glücklich macht (und das ist nicht bei jeder Frau zwangsläufig die Karriere).

Cordula, 45 Jahre, selbständige Beraterin, zwei Kinder (14 und 16 Jahre)

Ich bin seit der Geburt der Kinder jedes Jahr einmal mit Freundinnen in ein Wellness-Hotel gefahren – ohne Kinder. Es war und ist mir wichtig, einmal Gespräche ohne Unterbrechung führen zu können, nicht immer irgendwie ein Auge auf die Kinder werfen zu müssen. Ein großer positiver Nebeneffekt: Die Väter zu Hause erleben einmal wirklich, was es heißt, Kinder, Haushalt und Freizeit zu kombinieren. Früher habe ich einen minutiösen Plan verfasst, wer was in welcher Reihenfolge erledigen muss. Das war aus heutiger Sicht grundfalsch. Keiner musste selbst denken, ich habe für alle gedacht, habe teilweise beim Packen meiner Koffer wichtige Dinge vergessen und kam völlig erschöpft in meinem Hotel an.

Ich habe dieses Verhalten grundlegend umgestellt. Statt mir den Kopf meiner Familie zu zerbrechen, habe ich Wochen vorher darauf hingewiesen, wann ich weg sein werde und dass jeder, der Fragen hat (anfangs natürlich nur mein Mann, da die Kinder noch nicht viel reden konnten), diese jederzeit jetzt stellen kann, aber dass ich ab dem Moment, wo ich weg bin, wirklich weg bin. Beim ersten Mal lief das noch etwas holprig, aber es wurde zusehends besser und mein Mann hat sich mehr und mehr eigenständig in die Situation hineingefunden. Auch für ihn war das eine schöne Erfahrung, nicht als unfähig dazustehen, sich um zwei Kinder allein zu kümmern. Daher rate ich Müttern auch ab, Großmütter oder andere hilfreiche Geister zu organisieren, um die Abwesenheit der Mutter zu überbrücken. Dies verhindert nämlich, dass

Väter und Kinder selbst kreativ werden müssen. Ich habe die Erfahrung gemacht, dass sie es sehr lustig hatten, die Vaterbeziehung verstärkt wurde und Kinder wie Vater stolz waren, dass sie es allein ohne Mutter geschafft haben. Deshalb: Ein paar Tage im Monat einfach einmal nur an sich denken – dann fangen die anderen von selbst damit an, Verantwortung zu übernehmen!

Kinder verstehen übrigens schon in frühen Jahren sehr gut, dass auch Mütter eigene Zeit brauchen. Mein Tipp daher: Früh genug damit anfangen und eigenen Raum beanspruchen. Ein Kind einer nicht berufstätigen Mutter erzählte mir einmal: »Meine Mama weiß, glaube ich, nicht, was sie gerne tun würde. Deshalb arbeitet sie nicht!«

Beginnen Sie doch einfach mal im Kleinen, bei Entscheidungen wieder mehr an sich selbst zu denken. Stück für Stück wird sich diese neue Unabhängigkeit auf Ihr ganzes Leben und auf größere Ziele übertragen. Schaffen Sie sich Freiräume und nehmen Sie regelmäßige Auszeiten von der Familie.

Cordulas Beispiel ist ein schönes Beispiel dafür, wie einfach es sein kann, mal zuerst an sich zu denken, nicht nur durch das »alleine Wegfahren«, sondern auch durch das vorherige Nichtorganisieren unserer Abwesenheit. Die Erfahrung zeigt immer wieder, dass es wirklich einfacher ist, je eher man damit anfängt. Fast alle Mütter in meinem Coaching, die zufrieden waren, haben sich diese Auszeiten regelmäßig genommen. Schritt für Schritt haben sie diese neue Unabhängigkeit und Denkweise in ihr Leben übertragen und sich mehr und mehr Freiräume geschaffen. Das ist ein schöner Weg. Und dass selbst ein noch so kleines Kind für diese Auszeiten kein Hinderungsgrund ist, zeigt das Beispiel von Linda.

Linda, 46 Jahre alt, Diplombetriebswirtin und Marketing-Freelancerin, zwei Kinder (elf und acht Jahre).

Ich habe immer versucht, meine eigenen Interessen weitestgehend zu verfolgen, auch als sich mein Leben mit der Geburt der Kinder grundlegend veränderte. Dies betrifft nicht nur den beruflichen Bereich, sondern auch den persönlichen (Freundeskreis, Hobbys, Sport etc.). So habe ich auch versucht, nach den Geburten immer mindestens eine Woche Auszeit pro Jahr für mich zu machen, um mich mit alten Freunden zu gemeinsamen Urlauben oder verlängerten Wochenenden zu treffen. Selbst als dies während der Stillzeit nicht so leicht umsetzbar war, bin ich kurzerhand mit Baby zu den Treffen mit Freunden gereist und habe das Baby während des ersten Lebensjahres im Maxi-Cosi einfach überallhin mitgenommen. Meine Erfahrung war, dass dies der Familie keineswegs geschadet hat, sondern für den Rest der Familie sogar eine neue Erfahrung war, die Zeit ohne mich zu verbringen und zu meistern. Auch bei der Urlaubsplanung mit Familie haben wir stets eine Urlaubsvariante gewählt, wo jedes Familienmitglied auf seine Kosten kam, letztendlich sind es jedoch immer noch die Eltern, die die Entscheidung treffen sollten, wohin die Reise führt.

Überlassen Sie die Organisation während Ihrer Abwesenheit dem Vater und den Kindern, sie werden gerne selbst kreativ und übernehmen dadurch mehr Verantwortung.

Wenn Sie formulieren möchten, was Sie wirklich wollen, und nicht, was Ihre Familie wirklich will oder was die Gesellschaft von Ihnen erwartet, dann machen Sie sich jetzt mit mir auf eine Reise. Nehmen Sie sich für die folgende Übung Zeit, suchen Sie sich einen Ort, an dem Sie ungestört sind. Bewaffnen Sie sich mit einigen gestalterischen Werkzeugen, wie z. B. einem Malkasten, Stiften in verschiedenen Farben, einem DIN-A3-Zeichenblock sowie einigen Zeitschriften, Schere und Kleber. Setzen Sie Ihrer Fantasie, was die Materialien angeht, keine Grenzen. Vielleicht haben Sie ein Entspannungsritual, das Sie besonders gerne mögen, dann führen Sie es jetzt durch. Legen Sie eine Musik auf, die Sie inspiriert. Sorgen Sie dafür, dass nur Sie Ihre Arbeit sehen, bis sie fertig ist, niemand soll Ihren kreativen Prozess stören.

Reisen Sie gedanklich auf den »Alles-ist-möglich-Planeten«. Wer reist mit Ihnen?

Jetzt stellen Sie sich bitte vor, Sie besteigen ein Raumschiff und fliegen zusammen mit anderen Astronauten auf einen anderen Planeten, den »Alles-ist-möglich-Planeten«. Der Alles-ist-möglich-Planet verkörpert Ihren Traum, Ihren innersten Wunsch, das Zielbild Ihres Lebens in sämtlichen Ihnen wichtigen Bereichen. Der Anblick des Planeten löst in Ihnen ein unmittelbares Glücksgefühl aus. Stellen Sie sich vor, wer mit Ihnen fliegt, und schreiben Sie die Namen der anderen Astronauten auf. Es können Ihnen bekannte, aber auch unbekannte Personen sein, denen Sie jetzt einfach einen Namen geben. Versuchen Sie, sich diese Menschen so genau wie möglich vorzustellen. Wie sehen sie aus? Was tragen sie? Welchen Gesichtsausdruck haben sie? Notieren Sie Ihr inneres Bild auf ein weißes Blatt oder kleben Sie Bilder der Personen auf.

Wenn Sie keinen Traum oder keinen Wunsch haben oder sich nicht vorstellen können, wo Sie sein möchten, wenn Sie z. B. nur wissen, wo Sie nicht mehr sein möchten, dann denken Sie an Situationen in der Vergangenheit, die Sie mit einem regelrechten Glücksgefühl erfüllt haben. Berufliche Situationen, private Situationen, wer war dabei? Was haben Sie getan? Was wurde gesagt? Es gibt, wie gesagt, viele Frauen, die zunächst einmal nur wissen, was sie nicht mehr wollen, aber nicht, was sie wollen. Oder es gibt viele Frauen, die sich viele verschiedene Dinge vorstellen können. Die Erinnerung an schöne Dinge aus der Vergangenheit kann helfen, ein neues Bild von der Zukunft zu bauen, auch wenn es noch wenig konkret ist.

Was und wen lassen Sie auf dem »Vieles-ist-unmöglich-Planeten« zurück? Notieren Sie Personen, Hindernisse und vermeintliche Schwächen, die Sie auf Ihre Reise nicht mitnehmen.

Schließen Sie nun wieder die Augen. Der Countdown läuft. Zählen Sie rückwärts von 10 bis 0 und stellen Sie sich vor, wie Sie abheben. Was lassen Sie alles hinter sich auf dem »Vieles-ist-unmöglich-Planeten«? Welche Hindernisse für Ihre Wünsche lassen Sie zurück? Welche Personen? Vielleicht auch Ihre Kinder? Das ist in Ordnung, noch ist der Weltraumtourismus nicht so weit, dass aus Ihrer Reise Realität wird. Aber blenden Sie die Dinge, die stellenweise hinderlich sind, einfach einmal aus. Und dazu gehören nun einmal eben auch die Kinder, so lieb wir sie haben. Welche Ihrer Eigenschaften/vermeintlichen Schwächen lassen Sie zurück? Halten Sie kurz inne und notieren Sie im Arbeitsblatt 1 im Anhang, was Sie alles zurücklassen.

Dann schlagen Sie ein neues großes weißes Blatt auf und setzen Ihre Reise fort.

Zählen Sie gedanklich von 0 bis 10 und spüren Sie die Landung auf dem neuen Planeten. Sie werden begrüßt von den Einheimischen. Versuchen Sie, sich die Bewohner des Planeten vorzustellen. Wie sehen sie aus, welche Eigenschaften haben sie, was sind ihre ersten Worte? Wie sieht es auf dem Planeten aus? Welches ist Ihr erstes Glücksgefühl? Gibt es Plakatwände, Leuchtreklamen, was steht auf den Plakaten? Gibt es Straßen, Häuser, wie bewegen sich die Leute fort? Sie gehen einige Meter und sehen ihn vor sich, Ihren lang gehegten Wunsch, Ihren lang gehegten Traum, den Sie jetzt

Erkunden Sie den »Alles-ist-möglich-Planeten« mit allen Sinnen. Wenn sich das Bild vor Ihrem geistigen Auge verfestigt hat, bringen Sie es zu Papier. Beschreiben Sie es, malen Sie es auf oder kleben Sie eine Collage. Dieses Kunstwerk soll Ihr Zielbild, Ihre Vision werden.

endlich umsetzen können, wo alle potenziellen Hindernisse auf dem »Vieles-ist-unmöglich-Planeten« zurückgeblieben sind. Versuchen Sie, den neuen Planeten mit allen Sinnen zu erspüren: Wonach riecht es hier, wie sieht es aus, welche Geräusche hören Sie, welchen Geschmack haben Sie im Mund, was fühlen Sie? Stellen Sie sich Ihre positiven Eigenschaften vor, Hobbys, Tätigkeiten, Rollen, die Sie gerne spielen, und wie würden Sie diese auf dem neuen Planeten einbringen? Welchen Beruf üben Sie aus? Wie sieht ein normaler Arbeitstag aus? Lassen Sie das Bild vor Ihrem geistigen Auge verfestigen. Sobald das Bild klar vor Ihrem geistigen Auge steht, öffnen Sie die Augen und bringen Sie das geistige Bild zu Papier. Sie können entweder im Anhang in Arbeitsblatt 2 einfach aufschreiben, was sie gespürt, gerochen, gesehen haben. Sie können es aber auch kreativ umsetzen, aus den Zeitschriften Bilder ausschneiden und eine Collage kleben, Sie können selbst malen oder auch die verschiedenen Möglichkeiten kombinieren, ganz wie Sie möchten.

Versuchen Sie bei Ihren Überlegungen auf der Gefühlsebene zu bleiben und nicht unbedingt die konkrete Situation in Form von Ort oder Zeit zu verbildlichen, sondern Ihr Gefühl zu verbildlichen. Wenn Sie sich z. B. bei einem früheren Arbeitgeber oder Partner glücklich gefühlt haben, dann schreiben Sie nicht einfach den Namen des Arbeitgebers oder Partners auf, sondern verbildlichen oder verschriftlichen Sie das Element oder die Elemente, die Sie an diesem Arbeitgeber oder Partner glücklich gemacht haben. Denn sonst entscheiden Sie sich am Ende, Ihren Partner zu verlassen, weil der alte Partner viel besser war, dabei konnte der alte Partner vielleicht nur besser kochen. In diesem Fall wäre die Konsequenz wohl eher, anderweitig wieder kulinarische Glücksmomente in Ihr Leben zu bringen. Oder auf unser Schuhbeispiel bezogen: Malen Sie nicht irgendein Paar rote Schuhe, weil Sie früher mal tolle rote Schuhe hatten, malen Sie, was Sie mit den Schuhen erlebt haben, wie z. B. einen perfekten Glücksmoment, oder welches Gefühl die Schuhe in Ihnen ausgelöst haben, wie z. B. endlich mal farblich perfekt abgestimmte Schuhe zu Ihrem Kleid zu haben.

Lassen Sie Ihre Gefühle sprechen!

Das Wichtigste: Geben Sie sich Mühe, wie früher im Kunstunterricht, als gäbe es Noten für Ihr Kunstwerk. Dieses Kunstwerk soll Ihr Zielbild, Ihre Vision werden, je detaillierter Sie es gestalten, umso besser. Wichtig ist: Es muss sich einfach gut anfühlen, wenn Sie es betrachten, Sie mit einem Glücksgefühl erfüllen. Meine Damen, es geht hier übrigens nicht um die künstlerische Gestaltung, bevor jetzt die ganz Kritischen unter Ihnen sagen: »Das Bild fühlt sich nicht gut an, weil ich nicht malen kann.« Es geht darum, wie gut es Ihre Emotionen reflektiert, nicht mehr und nicht weniger. Und an dem Beispiel des Partners im vorherigen Abschnitt haben Sie bereits gesehen, dass sich die dargestellten Glücksgefühle auf etwas Konkretes beziehen sollten, damit Sie keine falschen Schlüsse ziehen. Überlegen Sie also genau, was Sie an einer Situation konkret glücklich gemacht hat oder glücklich machen würde: Es war nicht der alte Arbeitgeber, der besser war, es war vielleicht ein Element der Firmenkultur; es war nicht der alte Partner, sondern eine seiner Eigenschaften; es waren nicht die roten Schuhe, sondern das Ensemble etc.

Auch wenn Sie sich mit der kreativen Übung nicht so wohlfühlen, ermutige ich Sie, sich darauf einzulassen. Im Laufe des Buches wird es auch noch viele »rationalere« Übungen geben. Gerade beim Formulieren der eigenen Wünsche und

Träume helfen Bilder und Eindrücke aus anderen Sinneskanälen viel mehr als Worte, vor allem wenn Sie sich noch nicht so im Klaren darüber sind, was Sie wirklich wollen.

Lassen Sie das Kunstwerk nach der Fertigstellung erst einmal ruhen. Behalten Sie es für sich, es ist Ihr Kunstwerk. Gehen Sie dann zu Schritt 2 über.

Schritt 2:

Die Hemmschuhe erkennen – Ausgediente Glaubenssätze und wie sie uns ausbremsen

Willkommen zurück in der Realität. Stellen Sie sicher, dass Sie Schritt 2 und Schritt 3 an zwei aufeinanderfolgenden Tagen »abarbeiten« können. Bevor wir mit unserem Traum weiterarbeiten, müssen wir noch eine Sache verstehen: Warum sind wir bei unserem Traum noch nicht oder noch nicht ganz angekommen bzw. warum haben wir unseren Traum vielleicht wieder verlassen, wenn wir ihn bereits in Händen gehalten haben? Warum denken wir, wie wir denken? Warum lassen wir uns leicht entmutigen, warum glauben wir beispielsweise, Tag und Nacht für unsere Familie da sein zu müssen? Warum schauen wir neidvoll auf die Frauen mit den schönen Schuhen, drücken uns am Schaufenster die Nase platt und schluffen dann trotzdem in unseren bequemen, ausgetretenen Latschen nach Hause?

Ausgediente Glaubenssätze sind unsere Hemmschuhe, die uns bei der Verfolgung eigener Ziele ausbremsen. Oft entspringen sie aus tradierten, überholten Rollenbildern.

Dahinter stehen schlichtweg unsere eigenen Werte und vor allem Glaubenssätze. Was sind diese Glaubenssätze? Sie sind oft unsere Hemmschuhe. Ein typischer Glaubenssatz vieler Frauen ist folgender: »Ich muss es allen recht machen!« Frauen sehen ihre Rolle und Aufgabe darin, für das Wohl anderer zu sorgen. Dieses Verständnis rührt sicher aus der Historie, als die Frau für den Zusammenhalt der Familie sorgte, während der Mann in der großen gefährlichen Welt zum Jagen ging.

So weit, so gut, aber die Steinzeit ist ja nun eine Weile vorbei. Es muss also noch einen anderen Grund dafür geben, warum ein Glaubenssatz so tief in uns verankert ist. Der andere Grund liegt meist darin, dass wir jahrelang wunderbar nach diesem Glaubenssatz funktioniert haben. Nehmen wir das Beispiel von Birgit, Teamleiterin in einem großen IT-Konzern. Ihr Glaubenssatz »Ich muss es allen recht machen« hat bewirkt, dass das Team, das sie geführt hat, ein hohes Ansehen genießt, denn schließlich erfüllen sie den internen Kunden sämtliche Wünsche. Das Feedback war hervorragend, vom Chef gab es ein großes Lob. Die letzte Stufe der Karriereleiter bleibt ihr aber seit Jahren aus ihr unerklärlichen Gründen verwehrt. Ihre Familie schätzt Birgit für ihr ausgleichendes Wesen. Stets versucht sie, alle Interessen unter einen Hut zu bringen und das Unmögliche möglich zu machen. Sie zerreißt sich dabei oft selbst, aber die Familie ist glücklich, denn die anderen Familienmitglieder müssen die typischen familiären Fragestellungen nicht selbst lösen. Mama wird es schon richten. In ihrem Freundeskreis ist sie für alle Probleme der Welt ansprechbar, ihre Freunde schätzen Birgit für ihr offenes Ohr, manchmal verbringt sie Stunden am Telefon, um die Ehekrise der Freundin zu lösen, das Problem der Schwester mit dem pubertierenden Sohn usw. Früher hat Birgit durch ihre Offenheit viele Kontakte geknüpft. Die Menschen, denen sie geholfen hat, haben ihr auch immer wieder Türen geöffnet, was ihr berufliches Fortkommen sicherlich gefördert hat. Heute hat sie mehr und mehr das Gefühl, selbst auf der Strecke zu bleiben. Sie befindet sich am Rande des Burnouts. Und ihr Chef setzt ihr immer wieder andere Führungskräfte vor die Nase, weil er glaubt, sie sei nicht »tough« genug für die Führungsaufgabe. Ihr Glaubenssatz hat ausgedient. »Ich muss es allen recht machen« war vielleicht nie der absolut richtige Glaubenssatz, und selbst wenn er es war, hat er mittlerweile für Birgit leider zerstörerische Kräfte angenommen, beruflich wie privat. Dieses Phänomen ist nicht selten. Irgendwann haben unsere Glaubenssätze ausgedient, müssen relativiert oder ganz über Bord geworfen werden, um uns nicht zu schaden.

Unsere Glaubenssätze haben sich in uns verfestigt, weil wir jahrelang gut nach ihnen funktioniert haben (Erfahrung, Gewohnheit). Allerspätestens wenn sie zerstörerische Kräfte entfalten, ist es Zeit, sie zu überdenken.

Ein zweites Beispiel ist Ariane. Sie hat nach abgeschlossenem Jura-Studium eine Promotion begonnen, die nicht so vorangeht, wie sie es sich vorstellt. Ihr Doktor-Vater ist sichtlich unzufrieden mit den Ergebnissen. Ariane ist der Verzweiflung nah. Als sie zu mir ins Coaching kommt, bricht sie in Tränen aus. Wir finden heraus, dass ihr Glaubenssatz ein Relikt ihrer Erziehung ist. Ihre Mutter habe ihr immer gesagt: »Gehör einfach immer zu den Besten, dann stehen dir alle Türen offen!«, und daraus ist Arianes Glaubenssatz geworden: »Ich muss zu den Besten gehören!« Dieser Glaubenssatz hat sie durch ihr Studium begleitet und ihr ein »Cum laude«-Examen beschert. Wir fragen jetzt nicht, zu welchem Preis, sondern betrachten der Einfachheit halber nur das Ergebnis. Aber jetzt, wo ihr zum ersten Mal der Wind ins Gesicht weht und etwas nicht nach Plan läuft, wird dieser Glaubenssatz zu ihrem zerstörerischen Feind. Von den Champions-League-Plätzen stürzt sie gefühlt auf die Abstiegsplätze. Ihre komplette Promotion hängt am seidenen Faden, von ihren Nerven mal ganz abgesehen.

Glaubenssätze entspringen also, wie wir hier sehen können, sowohl unserer Erziehung (»Sei einfach die Beste«) als auch unseren eigenen Erfahrungen (»Wenn ich es allen recht mache, komme ich weiter«). Spätestens mit unserem Auszug von zu Hause sollten wir aber begonnen haben, unsere Erziehung kritisch zu reflektieren und uns von dem einen oder anderen eingepflanzten Glaubenssatz zu lösen, und wenn wir es

Glaubenssätze entspringen nicht nur der Erziehung, sondern auch der eigenen Erfahrung. Beides gilt es zu reflektieren.

noch nicht getan haben, dann sollten wir es jetzt tun. Wenn wir unsere Erziehung für unsere Fehler allein verantwortlich machen, dann müssten 95% aller Menschen komplett gestört sein, denn 95% aller Menschen können ihren Eltern spontan mehr oder weniger gravierende Erziehungsfehler unterstellen. Und auch unsere Erfahrungen haben nie allgemeingültigen Charakter.

Wenn ich als Kind von einem Hund gebissen werde und daraus ableite, dass alle Hunde beißen, kann dies der falsche Schluss sein. Dadurch, dass ich Hunde fortan gemieden habe und jeder Hund meine Angst sofort gespürt und entsprechend mit Grollen reagiert hat, hat sich dieses Bild in mir verfestigt, dass Hunde böse sind. Ich habe aber durch mein ängstliches Verhalten keinem Hund jemals die Chance gegeben, mir das Gegenteil zu beweisen. Genauso wenig heißt es, dass Sie niemals hohe Absätze tragen können, wenn Sie einmal auf Stöckelschuhen gestolpert sind.

Finden Sie Ihre persönlichen Glaubenssätze heraus. Welche Hindernisse gibt es, die Sie davon abhalten, das »Alles-ist-möglich-Land« in die Wirklichkeit zu heben?

Wenn Sie sich also fragen, was Sie davon abhält, Ihre Wünsche und Träume umzusetzen, dann liegt der Grund dafür sicher in Ihren eigenen Glaubenssätzen. Das sind Ihre eigentlichen Hemmschuhe. Aber wie finden Sie nun Ihre persönlichen Glaubenssätze heraus?

Gehen Sie zurück zu Ihrem Bild vom Alles-ist-möglich-Land. Schließen Sie die Augen. Rufen Sie das Bild vor Ihr geistiges Auge und fragen sich, was Sie davon abhält, dieses Bild zu erreichen. Denken Sie auch an das Nichts-ist-möglich-Land und an die Hindernisse und Personen, die Sie bei Ihrer Reise zurückgelassen haben. Halten Sie sämtliche Gründe im Anhang in Arbeitsblatt 3 schriftlich fest.

Wichtig ist es, die Relativsätze mit »Ich« beginnen zu lassen. Oft denken wir, dass unser Umfeld sich ändern muss, wenn wir etwas erreichen wollen. Aber dies ist ein Trugschluss. Wir können unser Umfeld nicht ändern, wir können nur uns selbst bzw. unsere Haltung zu Dingen ändern.

Ich erinnere mich an Marianne, 50 Jahre, Artdesignerin, deren Abteilung nach 20 Jahren aufgelöst wurde. Marianne MUSSTE sich eine neue Aufgabe suchen. Am liebsten wollte sie sich selbständig machen, hatte auch schon eine Idee. Kaum hatte sie die Idee geäußert, sagte sie: »Aber das geht nicht, da müsste mein Mann sich ändern. So wenig wie der sich um die Familie kümmert, da kann ich nicht mal länger arbeiten, wenn ein Auftrag erledigt werden muss.« Marianne war nicht nur sofort bei der Ausnahme angekommen, warum etwas nicht funktionieren kann, sie hatte vor allem auch gleich einen Schuldigen gefunden. Im Laufe des Gesprächs bat ich sie, den Satz wie folgt umzuformulieren: »Ich kann mich gar nicht selbständig machen, weil ich …« Es fiel Marianne schwer, aber nach einigem Überlegen vervollständigte sie den Satz:

> ***»Weil ich meinen Mann zu seinem stressigen Job nicht noch zusätzlich belasten will.«***

Und da hatten wir den Einstieg ins Thema der Glaubenssätze gefunden. Sie formulierte gleich noch weitere Sätze wie:

> ***»Weil ich nicht genug Fachwissen habe.«***

> ***»Weil ich die Kinder nicht einfach allein lassen kann, wenn ich mal länger arbeiten muss.«***

»Weil ich mit dem Gefühl nicht klarkäme, nicht 100% gegeben zu haben.«

»Weil ich nicht kreativ genug bin.«

»Weil ich dann gar keinen Urlaub mehr machen kann.«

»Weil ich genug andere kenne, die gescheitert sind mit solchen Ideen.«

»Weil ich nicht weiß, ob das, was im Unternehmen funktioniert hat, auch extern funktioniert.«

Vervollständigen Sie im Anhang auf Arbeitsblatt 3 die »Weil ich«-Liste. Listen Sie alle Gründe auf, die Ihnen einfallen, ohne groß darüber nachzudenken. Wenn der Platz nicht ausreicht, fahren Sie auf einem separaten Blatt fort.

Markieren Sie in einem zweiten Schritt die zwei, drei Gründe, die Ihnen am gravierendsten erscheinen. Im Beispiel von Marianne waren das folgende Gründe:

»Weil ich meinen Mann zu seinem stressigen Job nicht noch zusätzlich belasten will.«

»Weil ich die Kinder nicht einfach allein lassen kann, wenn ich mal länger arbeiten muss.«

»Weil ich mit dem Gefühl nicht klarkäme, nicht 100% gegeben zu haben.«

In einem dritten Schritt vervollständigen Sie die von Ihnen

farbig markierten gravierendsten Gründe im Anhang auf Arbeitblatt 4:

Marianne hat ihre Sätze beispielsweise wie folgt vervollständigt:

Gehen Sie Ihren persönlichen Glaubenssätzen auf den Grund. Nutzen Sie dabei Wendungen wie »Ich kann nicht, weil …« und »Denn schließlich bin ich es, die …«. Formulieren Sie daraufhin, was passieren würde, wenn Sie Ihrer Verpflichtung nicht mehr nachkommen würden, z.B.: »Wenn ich x nicht mehr mache, dann …«

> ***»Weil ich meinen Mann zu seinem stressigen Job nicht noch zusätzlich belasten will, denn schließlich bin ich es, die für das Wohl der Familie verantwortlich ist.«***
>
> ***»Weil ich die Kinder nicht einfach allein lassen kann, wenn ich mal länger arbeiten muss, denn schließlich bin ich die Mutter, die immer für sie da sein muss.«***
>
> ***»Weil ich mit dem Gefühl nicht klarkäme, nicht 100% gegeben zu haben, denn schließlich bin ich es, die dann als unfähig verschrien ist.«***

Und genau hier haben wir bereits unsere Glaubenssätze, sie lauten: »Ich muss …«, »Ich bin es, die …«. Sie können an dieser Stelle innehalten. Sie können der Sache aber auch noch weiter auf den Grund gehen. Dazu führen Sie den folgenden letzten Schritt aus. Nehmen Sie die Aussage hinter »denn schließlich bin ich es, die …«, welche ja meistens eine Verpflichtung für uns beinhaltet, und kehren Sie diese Verpflichtung in ihr Gegenteil um. Stellen Sie sich einfach vor, Sie gehen in einen Streik. Für Mariannes Beispiel wären dann folgende Sätze denkbar:

Beispiel:
Wenn ich x nicht mehr mache, dann …

> ***»Wenn ich mich nicht mehr um das Wohl der Familie kümmere, dann würde meine Familie mich ablehnen und weniger lieb haben.«***

(Ich will also geliebt werden, vielleicht weil ich mich selbst nicht genug liebe?)

»Wenn ich nicht immer für meine Kinder da bin, dann werden sie mich als schlechte Mutter ansehen.«
(Ich brauche also die Anerkennung von außen, weil ich sie mir selbst nicht gebe.)

»Wenn ich als unfähig verschrien wäre, würde ich keine weiteren Aufträge mehr bekommen.«

Sie können die »Wenn …, dann …«-Aussagen noch weiter herunterbrechen, z. B.: »Wenn meine Kinder mich als schlechte Mutter ansehen, werden sie mich nicht mehr lieben.« Was Sie feststellen werden, ist, dass Sie ganz schnell bei Grundängsten (Angst vor Liebesverlust, Existenzangst, Angst vor Blamage) oder bei Grundüberzeugungen über sich selbst (»Ich bin es nicht wert«, »Ich kann mich nicht gut verkaufen« etc.) angekommen sind. Diese sind völlig normal und stecken bis zu einem gewissen Maß in jedem Menschen. Schwierig wird es erst, wenn uns diese Ängste, wie im Fall von Marianne oder auch in meinem Fall, beginnen zu dominieren und zu einem echten Showstopper werden.

Hinter unseren Glaubenssätzen stecken oft Grundängste und Grundüberzeugungen, die zu einem echten Showstopper werden können, wenn sie uns zu dominieren beginnen.

Viele Frauen kämpfen damit, dass sie sich selbst nicht genug lieben und ständig auf der Suche nach Anerkennung sind. Wer dieses Thema noch vertiefen möchte, dem empfehle ich das Buch »Raus aus den alten Schuhen!« von Robert Betz. Wir wollen das Ganze allerdings nicht zu sehr psychologisieren. Entscheidend ist, diese Ängste zu akzeptieren, denn sie sind da und wollen gespürt werden. Aber dann sollten wir auch zu einem sinnvollen Umgang mit diesen Ängsten und Selbstzweifeln kommen.

Mariannes Glaubenssätze kristallisieren sich aus den Aussagen heraus, die auf »denn schließlich bin ich es …« folgen.

Sie lauten:

Es gilt, Grundängste und Selbstzweifel zu erkennen, zu akzeptieren und konstruktiv mit ihnen umzugehen.

> ***»Ich bin für das Wohl der Familie verantwortlich!«***
>
> ***»Ich muss immer für die Kinder da sein!«***
>
> ***»Ich darf keine Fehler machen, ich darf nicht unfähig wirken!«***

Ich gebe Ihnen aus meiner Coaching-Erfahrung noch weitere typische »Mütter-Glaubenssätze«:

- ***»Man kann nicht alles haben.«***
  (Man beachte das unpersönliche »man«. Ist dies wirklich mein Glaubenssatz oder stand dieser Hemmschuh in Form von Geschwätz der anderen am Straßenrand, und weil er so bequem aussah, bin ich reingeschlüpft?)

- ***»Ich muss immer auf alle Rücksicht nehmen.«***
  (Vor allem starke Frauen können das besonders gut, sie sind Meisterinnen darin.)

- ***»Ich alleine muss mich um die Kinder kümmern.«***

- ***»Ich muss funktionieren.«***
  (Typisch für Frauen, die nicht einmal in Ansätzen jemals aufgehört haben zu funktionieren und daher gar nicht wissen, was dann passieren würde. Ein echter Teufelskreis. Diese Frauen legen sich nicht einmal am

Wochenende ins Bett, wenn sie krank sind.)

- ***»Alles hängt an mir.«***
- ***»Das Leben ist kein Ponyhof.«***
- ***»Ich muss das aushalten.«***

Lesen Sie hier zwei Berichte von Müttern, die ihre Glaubenssätze über ein Coaching herausgefunden haben. Weitere ausgediente Glaubenssätze und gleichzeitig eine Lösung, wie man diese überwinden kann, finden Sie im nächsten Kapitel.

Ilona, 52 Jahre, heute selbständige Trainerin, drei Töchter (23, 27 und 30 Jahre), eine Enkeltochter (drei Jahre)

Alte Glaubenssätze aus meiner Generation waren: »Du musst immer lieb und brav sein und es allen recht machen, nur dann wirst du geliebt.« Genauso habe ich es in meiner ersten Ehe gehalten, ich wollte immer »Everybody's Darling« sein und es allen recht machen und habe dabei ganz meine eigenen Bedürfnisse hintenangestellt oder ganz vergessen.

Annette, 41 Jahre, Senior Consultant, zwei Kinder (elf Jahre und neun Jahre)

Die Kinder kommen nach dem langen Schultag um ca. 16.00 Uhr nach Hause. Eigentlich sollte dann die Mutter zu Hause sein und als Ansprechpartner und Lernhelfer

zur Verfügung stehen. Dieser Gedanke hat mich sehr gestresst. Ich weiß gar nicht, wieso ich jahrelang akzeptiert habe, dass es so ist. Ich glaube, es war eher der Glaubenssatz meiner Mutter, den ich so verinnerlicht hatte.

Annettes Beispiel ist übrigens sehr häufig. Gerade wenn wir Kinder haben, kommen in uns die durch die Erziehung angelegten Glaubenssätze unserer Eltern, häufig unserer Mütter, wieder hoch. Es ist, als erleben wir unsere eigene Kindheit noch einmal. Fragen Sie sich einmal, welche Glaubenssätze wirklich Ihre eigenen sind und welche Sie als Hemmschuh als Relikt Ihrer Erziehung mit sich herumtragen.

Wir haben oft die Glaubenssätze unserer Eltern verinnerlicht und übertragen diese auf unser eigenes Familienleben. Reflektieren Sie, welche Glaubenssätze für Sie noch relevant sind.

Limitierende und zum Teil zerstörerische Glaubenssätze beginnen fast immer mit »Ich darf nicht ...«, »Ich muss ...«, »Ich kann nicht ...«. Oft genügt es schon, diese Glaubenssätze ein wenig zu relativieren, ihnen den Absolutheitscharakter zu nehmen. Manchmal müssen wir sie aber auch vollständig über Bord werfen, weil sie schlichtweg nicht tragbar sind, weil der Preis, den wir für diese Glaubenssätze zahlen, zu hoch ist. Zerstörerische, ausgediente Glaubenssätze sind der Hemmschuh Nummer 1. Sie kleben uns förmlich an den Hacken, als hätte sie jemand mit Sekundenkleber befestigt. Und auch wenn wir die Schuhe manchmal argwöhnisch betrachten, weil wir sie nicht mehr zeitgemäß finden, auch wenn sie an manchen Ecken schon fast auseinanderfallen, so sind sie doch einfach so bequem! Sie haben uns jahrelang so gut getragen, uns vermeintlich überall (?) hingebracht. Diese können wir nicht so einfach ausziehen. Doch, können wir! Wie wir zu neuen positiven Glaubenssätzen kommen, wollen wir uns im nächsten Schritt ansehen.

Halten Sie jetzt Ihre drei zerstörerischsten Glaubenssätze im Anhang auf Arbeitsblatt 5 schriftlich fest. Es kommt nicht darauf an, ob diese wirklich schon vollständig auf der tiefsten Ebene formuliert sind. Wichtig ist, dass Sie das Gefühl haben: »Ja, dieser Satz ist so etwas wie mein heimliches Lebensmotto, ob ich es will oder nicht.«

Gönnen Sie sich heute einen entspannten Abend. Ruhen Sie sich aus. Sie haben hart gearbeitet und sicher einige Erkenntnisse gesammelt, die Ihnen nicht so wirklich gefallen haben. Die Wahrheit kann an dieser Stelle sehr wehtun. Gedanken wie der, sich eventuell selbst nicht genug zu lieben, können erschreckend sein. Seien Sie aber ehrlich zu sich selbst. Je ehrlicher Sie an dieser Stelle sind, umso mehr Aussicht auf Erfolg hat Ihr weiteres Vorgehen.

Stellen Sie aber unbedingt sicher, dass Sie gleich morgen zu Schritt 3 übergehen. Schließlich wollen wir neue zielführende Glaubenssätze verfestigen und nicht die alten ausgedienten, die uns zum jetzigen Zeitpunkt keinen Nutzen mehr bringen. Und schließlich wollen Sie die unangenehme Wahrheit Ihrer Glaubenssätze nicht dominieren lassen, sondern die Freude darüber, dass es viel bessere Glaubenssätze gibt. Sie wollen nicht die nächsten Tage mit Ihren Hemmschuhen vor dem geistigen Auge verbringen, sondern sich viel mehr ausmalen, auf schöne Stöckelschuhe umzusteigen.

Schritt 3:

Bereit für die Stöckelschuhe? – Neue Glaubenssätze entwickeln

Wie wir am Beispiel von Birgit, Ariane und Marianne wie auch an meinem persönlichen Beispiel gesehen haben, sind manche Glaubenssätze nur bedingt förderlich. Vielleicht waren sie es nie wirklich – und wenn doch, dann zu einem sehr hohen Preis, oder sie sind es einfach nicht mehr und haben ausgedient. Um die einschränkende und negative Sichtweise der »Ich darf nicht …«-, »Ich muss …«-Sätze zu verlassen, wollen wir uns zunächst einmal auf positive Gedanken bringen.

Glaubenssätze manifestieren sich in unserer Körperhaltung.

Bei vielen Menschen sind die limitierenden Glaubenssätze bereits in der Körperhaltung manifestiert. Sie laufen mit hängenden Schultern und gesenktem Kopf durchs Leben. Wenn wir an unserem Körper und an unserer Haltung arbeiten, können wir den negativen Glaubenssätzen hervorragend entgegenwirken. Machen Sie spaßeshalber einmal folgende Übung. Setzen Sie sich einmal zusammengekauert hin, wie ein Bettler am Straßenrand, umschlingen Sie Ihre angewinkelten Knie mit Ihren Händen und rufen Sie laut: »Ich bin die Größte!« Und? Geht das? Oder versuchen Sie das Gegenbeispiel. Stellen Sie sich aufrecht hin, strecken Sie die Arme wie ein Sieger zum Himmel und rufen Sie laut: »Ich bin ein Loser!« Sie werden merken, dass dies genauso wenig funktioniert. Tauschen

Sie also jetzt den Text und nehmen Sie die aufrecht gestreckte Haltung ein, reißen Sie die Arme zum Himmel und rufen Sie mehrfach laut: »Ich bin die Größte! Ich kann alles! Die Welt steht mir offen!« Es ist immer wieder erstaunlich, wie schwer sich meine Klienten am Anfang mit dieser Übung tun, aber wenn sie einmal damit angefangen haben, wollen sie gar nicht mehr aufhören.

Um eine Distanz zu einschränkenden und negativen Glaubenssätzen zu gewinnen, lenken Sie Ihren Blick auf positive Dinge.

Nehmen Sie im nächsten Schritt ein weißes Blatt Papier. Schreiben Sie in die Mitte »Die positiven Seiten« und kreisen Sie diese drei Worte ein. Dann ziehen Sie eine Linie nach rechts, eine nach links, eine nach unten. An die Enden der Linien schreiben Sie einmal »Familie«, einmal »Beruf«, einmal »Generell«. Und nun legen Sie sich eine temporeiche Musik auf und starten los. Verzweigen Sie jetzt die Begriffe weiter und schreiben Sie z. B. bei »Beruf« alles Positive auf, was Ihnen zu diesem Bereich einfällt, z. B. »Kollegen« oder »Erfolg« etc. Daraufhin verzweigen Sie auch diese Begriffe weiter, zu dem Stichwort »Erfolg« könnten Sie z. B. »Bonus« oder »Anerkennung« schreiben usw. Denken Sie gar nicht viel nach, versuchen Sie einfach, die Begriffe immer weiter herunterzubrechen, Hauptsache Sie bleiben bei positiven Begriffen. Am Ende kann es sein, dass die Begriffe ganz außen an unseren Astgabeln nicht mehr viel mit dem Stichwort »Beruf« oder »Familie« oder »Generell« zu tun haben. Schreiben Sie einfach alles auf, woran Sie sich erfreuen, was Sie glücklich macht. Nehmen Sie sich einen Song Zeit. Das Ganze muss keinen Sinn ergeben.

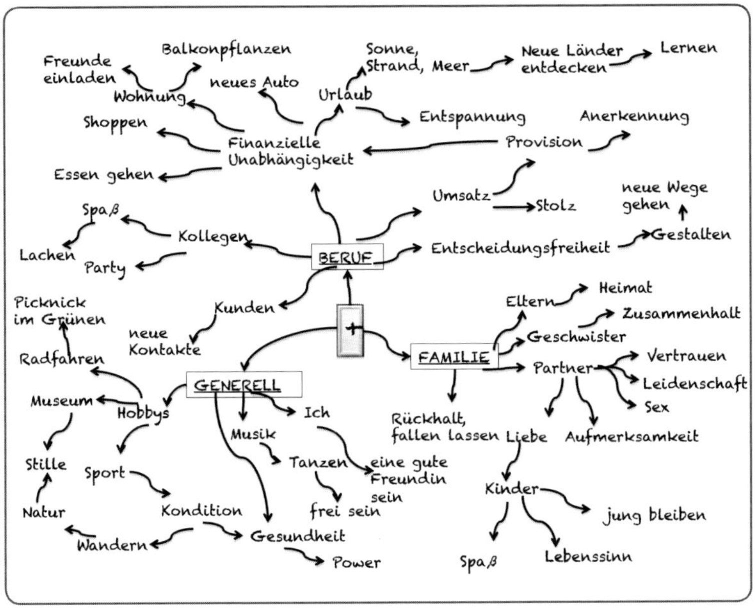

Beispiel einer Mindmap

Na, wie viele Begriffe haben Sie gefunden? Sehen Sie, wie viele positive Gedanken in Ihnen stecken? Sind Sie noch nicht zufrieden, dann nehmen Sie einen zweiten Song und machen Sie weiter, bis Sie eine ordentliche Sammlung haben. Je nach Ihrer momentanen Verfassung kann es eine Weile dauern, bis Sie sich »warmgeschrieben« haben. Dieses sogenannte Mindmapping ist eine wunderbare Technik, um den eigenen Blickwinkel zu erweitern. Nehmen Sie den positiven Schwung jetzt sofort mit in die nächste Übung.

Formulieren Sie nun Ihre erarbeiteten »alten Glaubenssätze« aus dem vorherigen Kapitel in neue positive Glaubenssätze um. Vermeiden Sie dabei Negationen oder Zwänge und relativieren Sie Absolutheitsansprüche.

Holen Sie jetzt die in Schritt 2 erarbeiteten »alten Glaubenssätze« hervor und formulieren Sie diese in neue Glaubenssätze um. Wichtig ist, dass die neuen Glaubenssätze positiv formuliert sind. Lautet Ihr alter Glaubenssatz z. B.: »Ich muss alles zu 100% machen«, dann kann Ihr neuer Glaubenssatz nicht heißen: »Ich muss nicht alles zu 100% machen.« Was nämlich dann in Ihrem Kopf hängen bleibt, ist »zu 100% machen«, d.h. Sie verstärken in diesem Fall das Negative. So funktioniert unser Unterbewusstsein. Wenn ich Ihnen sage: »Denken Sie jetzt mal nicht an eine lila Kuh!«, dann ist alles, was Sie vor Ihrem geistigen Auge haben, wohl eine lila Kuh, aber genau daran sollten Sie ja nicht denken. Es geht also darum, die Glaubenssätze in ein positives Gegenstück zu verkehren, das unmittelbar in Ihr Unterbewusstsein eindringen kann. Für den 100%-Glaubenssatz könnte z. B. ein neuer Glaubenssatz lauten: »80% sind mehr als genug!«

Gehen wir zurück zu Mariannes Glaubenssätzen.

Den Glaubenssatz »Ich bin für das Wohl der Familie verantwortlich!« kann ich auf unterschiedliche Arten neu formulieren. Wesentlich ist, dass ich mich am Ende gut damit fühle, dass ich den neuen Glaubenssatz lese und sage: »Ja, das wäre wirklich wünschenswert, wenn ich so denken könnte.« Wenn Ihnen der neue Glaubenssatz zu weit weg oder unerreichbar erscheint, dann ist er entweder zu weit hergeholt oder Sie sind einfach noch nicht so weit und brauchen mehrere Schritte, um zum Ziel zu gelangen. Im Fall von Marianne hat sie diesen ersten Glaubenssatz wie folgt umformuliert:

»Ich darf einen Beitrag zum Wohl meiner Familie leisten!«

Sie hat dem Begriff »verantwortlich« die Schwere und Dramatik genommen, die Verpflichtung in ein teilweises »Dürfen« verwandelt und somit die Verantwortung implizit auf mehrere Schultern verteilt. Hätte sie gesagt: »Auch andere sind für das Wohl der Familie verantwortlich«, wäre sie im Unterbewusstsein wieder über den Begriff »verantwortlich« gestolpert und hätte sich diesen Schuh sofort wieder angezogen. Wichtig ist es also, bei der Ich-Botschaft zu bleiben und klarzustellen, was ich ab heute tun kann, damit der Glaubenssatz für mich ins Positive arbeitet und nicht zerstörerisch oder belastend wirkt.

Bei dem Glaubenssatz

> ***»Ich muss immer für die Kinder da sein«,***

der übrigens auch mein Glaubenssatz war, ist Marianne in zwei Schritten vorgegangen. Zunächst hat sie den ersten neuen Glaubenssatz verinnerlicht, den sie wie folgt formuliert hat:

> ***»Ich darf auch mal weg sein, wenn meine Kinder mich brauchen!«***

Damit hat sie zunächst einmal den Absolutheitscharakter, der hinter dem Wort »immer« steckt, entschärft. Nach einer Weile schien ihr dieser neue Glaubenssatz aber noch nicht stark genug, um ihre beruflichen Ziele zu verwirklichen. Sie hat dann den Glaubenssatz noch einmal neu formuliert als:

> ***»In erster Linie muss ich für mich und meine Bedürfnisse da sein!«***

Vielleicht schlagen Sie jetzt die Hände über dem Kopf zusammen und sagen: »Oh mein Gott, wie egoistisch, diese

Rabenmutter!« Aber glauben Sie mir: Jemand, der von einer derartigen Selbstaufopferung getrieben war, wird nie zum kompletten Egoisten. In Mariannes Fall war es genau diese Spur Egoismus, die ihr guttat und ihr den Rückenwind gab, an ihren eigenen Plänen zu arbeiten und diese ernst zu nehmen. Marianne hat mir versichert, dass sich ihre Kinder niemals ernsthaft beschwert haben, wenn ihre Mutter mal nicht da war. Im Gegenteil: Sie haben auch häufiger mal den Vater um Rat gefragt und auch der 24-jährige Student, der seitdem die Kinder von der Schule abholt, wurde ein wertvoller Kumpel für die Kinder. Sie konnten so verschiedene Perspektiven sammeln und die Dinge viel facettenreicher sehen als nur durch die Brille der Mutter. Welch positiver Nebeneffekt. Und selbstverständlich wurde Marianne auch immer noch gefragt, wenn ein Problem Bestand hatte, bis sie wieder zu Hause war.

Bei dem letzten Glaubenssatz

»Ich darf keine Fehler machen, ich darf nicht unfähig wirken!«

hatte Marianne die größten Schwierigkeiten. Sie wusste, dass dahinter ein angekratztes Selbstwertgefühl stand. Für Marianne bedeutete »Fehler machen« gleich »Unfähigkeit«. Sie war hier sehr streng mit sich selbst. Ich bat Marianne, einmal eine Liste mit Dingen zu erstellen, die sie letzten Endes gut bewältigt hat, auch wenn sie in deren Durchführung ein paar Fehler gemacht hat. Marianne hat sich vor den Spiegel gestellt, sich angeschaut und zu sich gesagt: »Die folgenden Dinge in meinem Leben habe ich gut gemacht!« Und dann hat sie angefangen zu schreiben. Machen Sie doch diese Übung auch einmal. Oft hilft es dabei, auf einer imaginären

Zeitlinie seit Ihrer Geburt bis heute zu laufen und immer wieder in sich hineinzuhorchen, wo Sie Dinge finden, auf die Sie stolz sind. Sie können dazu einfach Blätter in einer Reihe auf den Boden legen und die Blätter ablaufen, z. B. »ich mit 3 Jahren«, »ich mit 10 Jahren« etc. Sie werden staunen, was da alles zusammenkommt. Blenden Sie kleine Fehler und Unzulänglichkeiten aus, was zählt, ist das Endergebnis.

Laufen Sie ihr Leben noch einmal entlang und überlegen Sie was Sie gut gemacht haben.

Dann bat ich Marianne zu überlegen, welche Fehler sie bei den am Ende doch guten Dingen gemacht hat und wie diese Fehler das Endergebnis beeinflusst haben. Und siehe da: Fast alle Fehler haben nur dazu geführt, dass das Ergebnis noch besser wurde, wenn nicht beim ersten Mal, dann spätestens beim nächsten Mal. Hatte sie zunächst ihre Tochter wegen der blau lackierten Fingernägel ausgeschimpft und ihr einen schlechten Geschmack vorgeworfen, hat sie beim nächsten Mal gesagt, dass dies zwar nicht ihre Lieblingsfarbe sei, sie es aber sehr mutig fände, dass ihre Tochter diese Farbe trägt. Ihre Tochter war natürlich dankbar, da ihre Mutter zwar ihre Meinung geäußert hat, der Tochter aber ein positives Element gelassen hat, sodass sie gesichtswahrend aus der Situation gegangen ist. Hatte sie beim ersten Mal aus Trotz den Nagellack noch extra lange getragen und nachlackiert, so hat sie sich nach dem zweiten Kommentar der Mutter von der Farbe Blau gesichtswahrend verabschiedet. Aus dieser Übung und dieser Erfahrung hat Marianne dann ihren neuen Glaubenssatz formuliert, der da lautete:

> ***»Ich darf Fehler machen, denn daraus lerne ich.«***

Später hat sie ihn sogar noch weitergeführt und es mehr und mehr geschafft, sogar eine Spaß-Komponente in ihren Glaubenssatz zu integrieren. Dieser lautete dann:

»Ich mache gerne Fehler, weil Sie mich jedes Mal weiterbringen!«

Toll, oder?

Ihr neuer Glaubenssatz muss ein Wohlgefühl erzeugen, nicht unbedingt ein perfektes Gefühl.

Wie steht es nun um Ihre neuen Glaubenssätze? Denken Sie beim Umformulieren daran: Es gibt ihn nicht, den ultimativen Glaubenssatz. Formulieren Sie die Sätze oder den Satz so, dass er ein Wohlgefühl erzeugt, dass Sie innerlich sagen: »Ja, mit dem Satz möchte ich leben! Wenn ich so denken könnte, würde mich das freuen!« Dabei darf der neue Glaubenssatz noch ein wenig weit weg erscheinen, Hauptsache Sie können sich vorstellen, den neuen Satz zu mögen. Wenn wir Dinge gezwungenermaßen tun, erzeugt dies Wut, Bitterkeit und Aggression. Ihr neuer Glaubenssatz sollte Freude und ein Wohlgefühl auslösen. Befreien Sie sich aus dem Gefängnis der braven Tochter, der treu sorgenden Ehefrau und Mutter. Beginnen Sie, mit Ihrem neuen Glaubenssatz sich selbst zu schätzen, denn das haben Sie mit Ihrem alten Glaubenssatz sehr wahrscheinlich nicht getan.

Ich gebe Ihnen ein paar Ansatzpunkte zum Umformulieren:

- Machen Sie aus jedem »Ich muss« ein »Ich entscheide« oder ein »Ich darf«, denn dann sitzen Sie selbst im Fahrersitz und haben die freie Wahl.

- Oder streifen Sie Zwänge durch folgende Formulierung ab: ***»Es ist mein gutes Recht, eine Familie zu versorgen und Karriere zu machen.«***

- Machen Sie aus jedem »Ich darf nicht« ein »Ich darf«.

- Machen Sie aus jedem »Ich kann nicht« ein »Ich darf«.

- Oder relativieren Sie Ihre Absolutheitsansprüche. Streichen Sie Worte wie »nur« und ersetzen Sie diese durch »auch einmal«. Streichen Sie Worte wie »immer« und ersetzen Sie diese durch »manchmal« oder »so oft wie möglich« oder »gelegentlich«. Streichen Sie auch Worte wie »100%« und reduzieren Sie diese auf 80% oder 50%.

- Das Entscheidende: Stellen Sie sich andere Fragen. Wenn Sie von Ängsten dominiert sind, stellen Sie sich die Frage, wie Sie aus der Angst herauskommen können. Wenn Sie Selbstzweifel haben, fragen Sie sich, wie Sie diese überkommen können. Durch diese neuen Fragen werden Ihnen sicher auch neue Glaubenssätze in den Sinn kommen. Sie werden lernen, auf Lösungen zu fokussieren statt auf Hindernisse. Wir alle haben eine selektive Wahrnehmung und solange unser Glaubenssatz »Ich kann nicht« lautet, werden wir Dinge wahrnehmen, die dies beweisen. Wenn wir uns die Frage stellen »Wie kann ich es schaffen?«, werden wir Dinge suchen, wie wir etwas schaffen können, wir werden beginnen, Lösungen zu suchen. Schärfen Sie also Ihre Sinne für die neuen Glaubenssätze, kommen Sie in den Lösungsmodus, kommen Sie vom Beifahrersitz in den Fahrersitz, vom Hemmschuh in den Stöckelschuh!

Formulieren Sie nun Ihre neuen Glaubenssätze im Anhang auf Arbeitsblatt 6.

Ihre neuen Glaubenssätze müssen sich in Ihrem Unterbewusstsein verfestigen und die alten Glaubenssätze Schritt für Schritt ablösen. Nutzen Sie dafür die Methode der Autosuggestion und nehmen Sie bewusst Ereignisse und Erlebnisse war, die auf Ihren neuen Glaubenssatz einzahlen.

Wenn es Ihnen partout nicht gelingen will, neue Glaubenssätze zu formulieren, oder Sie sich auch Ihrer alten Glaubenssätze nicht sicher sind, dann holen Sie sich fremde Hilfe. Ziehen Sie bei dieser Übung Ihren Partner hinzu, oder eine gute Freundin oder sogar einen professionellen Coach in Ihrer Nähe. Wir Coaches sind tagtäglich mit den Glaubenssätzen und der Perspektive anderer Menschen beschäftigt und versuchen, den Menschen neue Perspektiven (auch in Form von Glaubenssätzen) anzubieten. Diese Investition kann sehr lohnenswert sein. Vielleicht sind es eine oder zwei Sitzungen und Sie können den Rest des Weges schon wieder alleine gehen.

Sehen Ihre neuen Glaubenssätze gut aus, auf dem Papier? Ist Ihr schluffiger Hemmschuh schon einem Schuh mit kleinem Absatz gewichen? Aber wie komme ich dazu, mir diese Schuhe jetzt auch wirklich anzuziehen? Wie glaube ich sie jetzt, meine neuen Glaubenssätze?

Hier gibt es in meinen Augen nur eine sinnvolle Lösung: durch Autosuggestion. Rücken Sie jetzt nicht entsetzt von diesem Buch ab und fragen sich, ob hier etwas Sektenhaftes im Spiel ist. Ist es nicht. Autosuggestion funktioniert, nur wenden wir leider oft die negative Form der Autosuggestion an. Wie viele Klienten habe ich im Coaching, die durch Autosuggestion erzeugte Selbstzweifel und Selbstbewusstseinsprobleme mit sich herumtragen. Was haben Sie denn als Kind so alles von Ihren Eltern gehört: »Das schaffst du doch nie!« »Der Schuh ist eine Nummer zu groß für dich!« »Dazu brauchst du aber mehr Mut, und Mut hast du nicht!« »Dazu musst du logisch denken können, und das ist wirklich nicht deine Stärke!« Oder wie viele Eltern projizieren ihre eigenen

Sorgen und Ängste autosuggestiv auf ihre Kinder: »Pass auf, das ist gefährlich!« »Geh nicht dahin, da könnte dir etwas passieren!« Oder das simple »Du fällst gleich hin!«. Haben Sie schon einmal beobachtet, wie oft ein Kind dann tatsächlich fällt und die Eltern fast schon mit Genugtuung sagen: »Siehst du, habe ich doch gesagt!« Und da soll noch einmal jemand sagen, Autosuggestion würde nicht funktionieren. Gerade im letzten Fall sind die Worte der Eltern schneller im Unterbewusstsein des Kindes angekommen, als sie es beim Sturz auffangen können.

Wie wäre es also, wenn wir zur Abwechslung diese Autosuggestion einmal positiv verwenden? Schreiben Sie sich doch Ihre neuen Glaubenssätze auf eine Karteikarte und lesen Sie sich diese mindestens einmal am Tag laut vor dem Spiegel vor. Das mag Ihnen komisch vorkommen, ist aber äußerst wirkungsvoll. Lesen Sie in den folgenden Beispielen, wie gut Autosuggestion bei anderen Frauen funktioniert hat.

Schreiben Sie sich Ihre neuen Glaubenssätze auf eine Karteikarte, verwenden Sie Autosuggestion positiv.

Irene, 42 Jahre, Interimsmanagerin, zwei Kinder (acht und sechs Jahre)

Ich habe mir nie wirklich zugetraut, mein Studium an einer der besten Hochschulen Deutschlands erfolgreich abzuschließen. Mein Gedanke war immer: »Der Schuh ist zu groß für dich!« Ich war zutiefst beeindruckt von den ganzen »Cracks« um mich herum, die alle mit einem maximal 1,5-Abi das renommierte Internat hinter sich gelassen hatten. Da habe ich mir einfach ein Post-it geschrieben mit dem simplen Satz: »Ich schaffe das!«

Dieses Post-it klebte über vier Jahre auf meinem Schreibtisch. Jeden Tag sprang es mir ins Auge, auch wenn ich gerade mal nicht zweifelte. So war es ständig präsent und irgendwann in meinem Unterbewusstsein verankert. Immer wenn ich zweifelte, las ich mir den Satz zusätzlich laut vor. Ich bekam mehr und mehr Mut und Rückenwind und habe mein Studium sogar mehr als durchschnittlich zum Abschluss gebracht.

Martina, 44 Jahre, Chief Marketing Officer in Vollzeit, drei Kinder (13, elf und fünf Jahre)

Etwas, was ich häufig tue: Mir selber sagen, dass ich es kann – und sicherlich besser als mein Gegenüber.

Es gibt Situationen, die von der Materie her neu für mich sind und in denen ich nicht 100% Sicherheit habe, dass meine Erfahrung und mein Wissen mir die Antwort geben. So gibt es Verhandlungssituationen mit Distributeuren oder Handelspartnern über Konditionen, Ziele, Verträge etc. Ich stelle mir dann einfach vor meinem geistigen Auge vor, dass ich es schon hundertfach gemacht habe, sage mir immer wieder: »Das hast du schon hundertfach gemacht«, und trete so mit einem gewissen Selbstvertrauen auf (sodass der Gegenüber auch meint, ich hätte es schon hundertfach gemacht) und lasse mich nicht beirren. Am Ende reflektiere ich dann, was funktioniert hat, was nicht und wie ich es in ähnlichen Situationen in der Zukunft noch besser machen werde.

Am Beispiel von Martina sehen Sie übrigens gleich zwei Dinge: Zum einen, dass wir Frauen unser Licht viel zu oft unter den Scheffel stellen. Anstatt (wie es im Übrigen Männer häufig tun) selbstbewusst und so aufzutreten, als könnten wir es, sammeln wir Wissen, lernen und qualifizieren uns, bis wir Sicherheit haben. Dadurch bremsen wir uns oft selbst komplett aus. Zum anderen sehen Sie an dem Beispiel von Martina, dass Sie sich sogar Dinge suggerieren können, die de facto wirklich nicht wahr sind. Während Irene im Nachhinein noch objektiv recht hatte, dass sie das Studium schaffen wird, hat Martina sich etwas suggeriert, was definitiv nicht wahr war, sie hatte es nicht hundertfach gemacht. Dadurch gelang es ihr, die notwendige Souveränität auszustrahlen und auch ihrem Gegenüber etwas zu suggerieren, was definitiv nicht wahr war.

Sie haben immer noch Zweifel, ob Autosuggestion funktioniert? Probieren Sie es aus. Hängen Sie die Karteikarte mit Ihrem neuen Leitsatz an neuralgischen Punkten auf, sehen Sie sie, lesen Sie sich den Leitsatz laut vor und hören Sie, fühlen Sie ihn in Ihrer Hosentasche, bringen Sie einen Duft damit in Verbindung, den Sie besonders mögen, bringen Sie ein Lebensmittel damit in Verbindung, das Sie gerne essen. Inhalieren Sie Ihren neuen Glaubenssatz mehrmals täglich mit allen Sinnen. Sie werden sehen: Nach ein paar Wochen regelmäßigen »Inhalierens« ist er im Unterbewusstsein angekommen. Und dann können Sie sich an den nächsten Glaubenssatz machen. Räumen Sie sukzessive Ihre alten Hemmschuhe in Form dieser Glaubenssätze aus. Werfen Sie sie mutig in den Müll oder lassen Sie sie noch eine Weile auf dem Regal stehen, nur um sie mit ein wenig Abstand zu betrachten und sich nach ein paar Wochen hoffentlich zu fragen: »Wie konnte ich mit diesen Schuhen jemals öffentlich herumlaufen?«

Beschäftigen Sie sich täglich und mit mehreren Sinnen mit Ihren neuen Glaubenssätzen. So kommen sie Stück für Stück in Ihrem Unterbewusstsein an und verankern sich dort. Setzen Sie sich in Distanz zu Ihren alten Hemmschuhen.

Es ist wichtig, dass Sie sich wirklich täglich und mit mehreren Sinnen mit Ihren neuen Glaubenssätzen beschäftigen. Kramen Sie die Stöckelschuhe nicht nur an Tagen aus dem Schrank, wenn Ihr Hemmschuh Sie gerade wieder drückt. Denn dann wirken die Stöckelschuhe wirklich eine Nummer zu groß. Stellen Sie lieber Ihre Stöckelschuhe pausenlos vor sich hin, sodass Sie sich immer mehr daran gewöhnen und immer mehr Gefallen daran finden. Konfrontieren Sie sich also täglich mit Ihren neuen Glaubenssätzen, damit diese in Ihrem Unterbewusstsein Präsenz bekommen, denn dort wohnt ja seit Jahren dick und fett ausgebreitet unser Hemmschuh in Form der alten Glaubenssätze, und dieser hat wenig Interesse daran, seinen Schuhschrank zu räumen. Es sei denn, wir kommen mit einer Räumungsklage und werfen ihn raus.

Sie können Ihr Leben zu einem See voller positiver Gedanken machen. Formulieren Sie Ihre negativen Gedanken, Sorgen, Ängste in positive Gedanken um. Wer den Film »The Secret – Das Geheimnis« gesehen hat, den ich übrigens sehr empfehlen kann, weiß bereits, dass positives Denken positive Dinge anzieht. Dieses Gesetz der Anziehung kann eine immense Dynamik entwickeln, aber dazu später noch mehr.

Um die neuen Glaubenssätze zu verinnerlichen und zu verfestigen, formulieren Sie Ihre negativen Emotionen in positive Gedanken um, denn Positives zieht Positives an. Lenken Sie Ihre Gedanken in konstruktive Bahnen.

Geben Sie dem Prozess, die neuen Glaubenssätze zu verfestigen, einige Tage Zeit. Gehen Sie erst zum nächsten Kapitel über, wenn Sie Ihren neuen Glaubenssatz ein wenig verinnerlicht haben und ihn genießen können. Feiern Sie ein wenig die Abkehr von den alten hin zu den neuen Schuhen, bevor Sie im Folgenden in die konkrete Modellauswahl einsteigen.

Lassen Sie sich ermutigen von Frauen, die erfolgreich ihre alten Schuhe weggeworfen haben bzw. noch dabei sind, dies zu tun.

Kathrin, 45 Jahre, Geschäftsführerin einer PR-Agentur, zwei Söhne (18 und 19 Jahre)

Mein Glaubenssatz war immer folgender: »Ich kann mich am besten sinnvoll um die Kinder kümmern« bzw. »Es kann nur einer, nämlich ich, die Koordination rund um die Kinder übernehmen«. Gleichzeitig beschwerte ich mich aber, dass die Hauptarbeit an mir hängen bleibt.

Mir half mein Mann, als er mir erklärte: »Ich halte mir gerne Zeit frei, in der ich auf die Kinder schaue. Aber du musst das mit Bestimmtheit einfordern, sonst denke ich eben, es ist dir ohnehin nicht wichtig und du willst immer bei den Kindern sein und alles managen.« Männer sind bequem und werden selten selbst aktiv, vor allem wenn sie nicht sicher sind, dass das ihre Frauen überhaupt wollen. Gleichzeitig sagte er mir aber auch: »Ich habe keine Lust, nach einem vorgegebenen Plan (Essen, Freizeitaktivität, Schlafenszeiten etc.) alles abzuwickeln, wenn du nicht da bist. Ich möchte es auf meine Art machen und die Kinder haben sicher keinen Nachteil, wenn es nicht so perfekt ist, McDonald's besucht wird etc. Papa-Tage sind eben anders.«

Diese Aussage revolutionierte mein Weltbild. Sollte ich meinen Glaubenssatz über Bord werfen, die Kontrolle abgeben und an mich denken, während meine Kinder Fast Food und Burger essen und wahrscheinlich ohne Sonnenhut oder im Winter ohne Mütze das Haus verlassen? Dieser Gedanke schien mir unvorstellbar, aber ich ließ mich darauf ein und formulierte meinen neuen Glaubenssatz, der lautete: »Ich darf die Verantwortung abgeben, um mich um mich selbst zu kümmern!«

Dieser Satz gefiel mir, er klang für mich erleichternd, nahm immens viel Druck von mir.

Als ich das erste Mal wegfuhr und tatsächlich nichts organisierte, war das für mich richtig toll.

Und die Familie war herrlich entspannt, als ich zurückkam. Sie lachten über ihr Chaos und erzählten mir, sie hätten gemeinsam kurz vor meinem Eintreffen wieder alles in Ordnung gebracht. Das war für mich extrem bereichernd, so stolz hatte ich meine Kinder und ihren Vater selten gesehen. Ich hatte sie wahrscheinlich mit meinem Kontrollsinn fast erdrückt. Andererseits machte ich mir Sorgen, dass mein Organisations- und Ordnungssinn uncool sein könnte, aber das ist nicht der Fall. Im Grunde genommen mögen sie Ordnung, aber sie mögen auch Chaos und sind jetzt reicher als vorher, denn sie genießen beide Seiten.

Verantwortung ist nicht dasselbe wie Kontrolle

Was Kathrin beschreibt, ist auch sehr oft anzutreffen, nämlich das Gefühl, alles organisieren oder sogar kontrollieren zu müssen. Oft verwechseln Mütter den Begriff »Verantwortung« mit dem Begriff »Kontrolle« bzw. mit der Vorstellung, den anderen das Denken abzunehmen. Es ist richtig: Wir haben die Verantwortung für unsere Kinder. Aber zum einen haben wir sie nicht alleine (so der Vater Ihrer Kinder sich nicht komplett ausgeklinkt hat), zum anderen stellt sich die Frage, wofür wir die Verantwortung haben. Kurz gefasst sicherlich dafür, dass sie zu glücklichen, selbständigen, verantwortungsvollen Menschen werden, die spätestens mit 18 auch sehr gut alleine klarkommen sollten. Die Frage, ob sie das werden, wenn wir sie auf Schritt und Tritt kontrollieren oder ihr Leben auf Schritt und Tritt organisieren, können Sie sich selbst beantworten. Das Loslassen fällt vielen schwer, aber es ist auch sehr bereichernd, denn unsere Kinder haben uns etwas zu erzählen, wenn wir abends heimkommen. Das folgende Beispiel zeigt, für wie unersetzlich wir uns zu Hause halten. Wenn wir dieses Gefühl mal im Job an den Tag legen würden, dann würde über die Frauenquote vielleicht schon keiner mehr reden.

Sabrina, 37 Jahre, in leitender Funktion bei der Deutsche Börse AG in Teilzeit (80 %), zwei Töchter (drei Jahre und ein Jahr)

Ein wesentlicher Glaubenssatz, der mich beherrschte, war: »ICH muss mich um die Kinder kümmern.« Das sah dann so aus, dass ich direkt nach der Arbeit nach Hause fahre und Programm für die Mädels mache, bis sie irgendwann zwischen acht und halb neun im Bett sind. Dann war ich meist so erschöpft, dass ich nichts mehr für mich machen konnte, sondern ebenfalls ins Bett fiel. Nun ist es nicht so, dass es sonst keine Betreuungsmöglichkeiten gäbe: Die Große ist in der Kita, wir haben eine Kinderfrau für die Kleine und mein Mann übernimmt auch sehr viel bei den Kindern. Trotzdem meinte ich, dass immer ich mich kümmern muss, weil die anderen es vielleicht nicht richtig machen.

Mein neuer Glaubenssatz lautet: »Ich ziehe mich gelegentlich zurück, damit es mir gut geht!« Seit einiger Zeit haben wir folgende Lösung: Mittwochs geht meine große Tochter den ganzen Tag zu meinen Eltern, was eine Win-win-Situation für beide ist. Meine kleine

Tochter ist bei der Kinderfrau oder bei meinem Mann, und ich gehe oft nach der Arbeit mal in die Stadt, ein bisschen bummeln oder shoppen, und zwar für mich. Am Anfang fiel es mir schwer, weil ich mit den Gedanken immer bei den beiden war. Inzwischen geht es aber schon ganz gut und ich genieße die wöchentlichen zwei Stunden, die ich mal nur für mich habe. Ich habe auch nicht das Gefühl, dass den Kleinen was fehlt, wenn ich dann abends nach Hause komme. Es geht letztlich nur um die Überwindung im eigenen Kopf und langfristig ist es gut investierte Zeit, weil es mich selbst viel ausgeglichener macht. Deshalb rate ich, sich bewusst Freiräume zu nehmen, auch wenn es anfangs Überwindung kostet. Und ich glaube, dass letztlich sogar die Kinder profitieren, da sie einfach mehrere Bezugspersonen haben und dadurch auch offener werden.

Anja, 43, Head of Planning bei einer Werbeagentur in Teilzeit (80%), ein Kind (sieben Jahre)

Mein Glaubenssatz war durch mein schlechtes Gewissen als »Working Mom« getrieben. Er lautete: »Ich muss die Zeit, die ich eh schon nicht für die Familie da bin, wieder ›wettmachen‹, also in irgendeiner Form kompensieren.« Das führte dann in der Regel dazu, dass ich mich den gesamten Tag beeilte, alles Mögliche organisiert zu bekommen, mit dem Ergebnis, abends völlig erledigt zu sein und die Zeit mit meinem Sohn gar nicht mehr richtig genießen zu können, von meinem Mann ganz zu schweigen.

Eine Lösung, die ich für mich entwickelt habe, an der ich aber immer und immer wieder arbeiten muss, ist folgender neuer Glaubenssatz: »Ich nehme mir die Zeit, die ich brauche.« Ich beeile mich nicht mehr, sondern erledige nur noch die wichtigsten Sachen. Manches bleibt liegen und ich erledige es später oder auch nie. Das stört mich zwar auch, dennoch fühle ich mich – auch rein körperlich – letztendlich wohler damit.

Abwesenheit der Mutter und Fremdbetreuung der Kinder sind nicht per Definition schädlich.

Anjas ausgedienter Glaubenssatz ist bei Müttern häufig zu beobachten, er umschreibt nämlich das Gefühl, für Abwesenheit kompensieren zu müssen. Dies ist sicher einer der wenigen Bereiche im Leben, wo wir Mütter uns zu wichtig nehmen. Wer sagt denn, dass andere es nicht genauso gut oder sogar besser können als wir? Wer sagt denn, dass mein Kind sich in Fremdbetreuung, in der Krippe oder anderen Einrichtungen nicht wohlfühlt? Wenn wir über den Zaun in andere Länder schauen, ist Fremdbetreuung gang und gäbe. Mir ist noch nie aufgefallen, dass Franzosen oder Spanier einen Schaden davongetragen haben. Ganz im Gegenteil, manchmal habe ich den Eindruck, dass sie viel selbständiger sind, die Dinge mehr anpacken als wir Deutsche. Ich will hiermit keinesfalls propagieren, Kinder um jeden Preis in Fremdbetreuung zu geben. Diese Entscheidung kann jeder immer noch gut für sich selbst treffen, so das Gehalt es zulässt. Aber wenn man sich dafür entscheidet, gibt es für ein schlechtes Gewissen gar keinen Grund. Viele Kinder von Hausfrauen verbringen weniger Qualitäts-Zeit mit der eigenen Mutter als die Kinder von berufstätigen Müttern.

Felizitas, 45 Jahre, Kindergärtnerin und Sozialarbeiterin in einer Schule für behinderte Kinder, zwei Kinder (17 und 19 Jahre)

Mein ausgedienter Glaubenssatz war mehr ein Kindheitsgefühl: »Ich muss perfekt sein!«

Da unser kleiner Sohn immer wieder krank war, beschloss ich, mir unsere Situation zu Hause mit Hilfe eines Familientherapeuten anzuschauen. Er gab mir dann eine Hausaufgabe: Ich solle mir eine Liste machen, von jeder Rolle, die ich einnehme (Mutter, Angestellte, Ehefrau, Tochter, Schwiegertochter, Frau an sich ...), und in einer Skala von 0 bis 10 eintragen, wie wichtig es mir ist, perfekt zu sein. Er sagte ganz klar, dass kein Mensch überall 100% geben kann. Das hat mir sehr geholfen, Prioritäten zu setzen.

Somit gab es Zeiten, vor allem als die Kinder klein waren, wo ich in der Rolle als Mutter die 9 als Ziel hatte, als Hausfrau dafür nur eine 2 und als Sozialarbeiterin eine 4. Dann gab es wieder Zeiten, wo ich als Ehefrau die 9 als Ziel hatte und als Schwiegertochter die 3. Da gab es dann mal Tiefkühlkuchen zum Besuch der Schwiegermutter.

Das Ergebnis war, dass ich mir meine Situation bewusst gemacht habe, in Stresszeiten bewusst Prioritäten gesetzt habe und auch bewusst manche Dinge vernachlässigt habe, ohne daran zu verzweifeln, weil es eben so ist, dass ich nicht immer und überall perfekt sein kann. Mein neuer Glaubenssatz ist: »Ich bin da perfekt, wo ich es will!« Und das »perfekt« streiche ich eines Tages noch ganz aus dem Satz.

Felizitas' Beispiel geht schon sehr in die praktische Umsetzung. Die Priorisierung hilft sehr, sich selbst nicht zu zerreißen. Ihr modifizierter Glaubenssatz ohne das Wort »perfekt« könnte z.B. lauten: »Ich gebe auf meinen Prioritäten mein Bestes!« Und schon ist er noch weniger bedrohlich als der Glaubenssatz von der puren Perfektion. Außerdem ist diese Priorisierung ein sehr wertvolles Werkzeug für mein Umfeld. Je mehr ich nämlich an allen »Fronten« 100% gebe, umso mehr fordert mein Umfeld an allen »Fronten« auch die 100% ein. Ein gelegentlicher Rückzug in einzelnen Bereichen ist nicht nur als Vorgesetzte, sondern eben auch als Mutter, Ehefrau, Tochter, Schwiegertochter etc. eine extrem hilfreiche Strategie, um das Umfeld zum Selbstdenken und Selbsthandeln zu bringen, aber auch schlichtweg um Grenzen zu ziehen und aufzuzeigen, dass auch ich etwas Besonderes bin und nicht immer und überall und jederzeit verfügbar.

Priorisieren Sie, um Ihr Umfeld zum Selbstdenken zu bringen und sich selbst mehr Wert zu geben.

Gerlinde, 42 Jahre, Marketing-Leiterin bei einem Konsumgüterhersteller in Teilzeit (80%), zwei Kinder (sechs und vier Jahre)

Mein Glaubenssatz war lange »Ich darf nicht Nein sagen!« bzw. »Ich muss es allen recht machen!«. Dies bezog sich sowohl auf meine Kinder, wenn sie sich etwas wünschten, als auch auf meinen Chef, wenn er mir noch ein Projekt dazugab. Immer hatte ich die Sorge, als unprofessionelle Mutter dazustehen, wenn ich ablehnte.

Als es mich fast zerriss, formulierte ich den Glaubenssatz um in: »Ich freue mich, wenn ich mal NEIN sage.« Statt das Nein-Sagen als Schwäche anzusehen, sah ich es bald als Stärke an. Ich zeigte anderen damit klare

Grenzen auf und etablierte mich viel stärker als Führungskraft. Das Nein-Sagen war so wichtig für mich, vor allem wenn man in Teilzeit arbeitet. Ich habe das ab diesem Moment sehr konsequent durchgezogen. Mein Freitag (an dem ich frei habe) – war mir heilig und da habe ich so gut wie nie eine Ausnahme gemacht. Die einzigen Freitage, an denen ich gearbeitet habe, waren mehrtägige Meetings in den USA. Aber das ist in sieben Jahren ca. fünfmal vorgekommen. Ansonsten war ich freitags nicht verfügbar – ausnahmslos! Und auch meine Arbeitszeiten an den anderen Tagen habe ich sehr unter Kontrolle gehalten. Mir hat das niemand übelgenommen – sondern jeder hat das akzeptiert. Ich habe auch einige Fälle gesehen, die da nicht so konsequent waren und letztendlich Vollzeit gearbeitet haben – mit Teilzeit-Gehalt. Die haben dann irgendwann das Handtuch geworfen – und die Firma verlassen.

Gerlindes Beispiel ist sehr, sehr häufig ein Relikt unserer Erziehung. Mädchen sind sehr oft zum Brav-Sein erzogen und Nein-Sagen gehört zum Brav-Sein definitiv nicht dazu. Mal davon abgesehen, dass es uns immens viel Zeit kostet, wenn wir nicht Nein sagen können, ist es auch in der Karriere überhaupt nicht förderlich. Wenn man gestandene Führungskräfte daraufhin befragt, was sie erfolgreich macht, dann ist es der klare Fokus auf eindeutige Strategien und auf die richtigen und wichtigen Dinge. Und Fokussieren heißt, dass ich andere Dinge ausblende, zu denen ich zwangsläufig Nein sagen muss. In diesem Sinne gefällt mir Gerlindes neuer Glaubenssatz besonders gut, nämlich das Nein-Sagen zu feiern. Natürlich

Lernen Sie Nein zu sagen und feiern Sie es.

wäre auch ein Glaubenssatz wie »Ich darf auch mal Nein sagen« möglich gewesen, aber er greift lange nicht so weit und macht lange nicht so viel Spaß.

Anne, 36 Jahre, früher Produktmanagerin, jetzt auf dem Weg in die Selbständigkeit, zwei Kinder (zwei Jahre, vier Monate)

Mein Glaubenssatz war lange »Ich muss so sein wie andere, die gut und erfolgreich sind« (und das heißt: einen Bürojob machen, mein Kind in die Krippe geben, mit meinen Voraussetzungen wie Studium etc. richtig Karriere machen etc.). Mehr und mehr habe ich, seit die Kinder da sind, gespürt, dass ich das gar nicht will, ich fühlte, dass dieser Glaubenssatz einfach nicht mehr zu mir passt.

Mein neuer Glaubenssatz lautet: »Ich bin so, wie ich bin, und wenn ich ›ich‹ bin, bin ich am erfolgreichsten. Dann ist es egal, was ich mache, es wird einfach sehr, sehr gut!« Dieser Glaubenssatz hat mich darin bestärkt, etwas ganz anderes zu machen als vorher. Ich kann endlich meine kreativen Seiten ausleben und habe mich in künstlerischer Richtung selbständig gemacht. Ich habe mir aufgrund des neuen Glaubenssatzes eine absolute Kehrtwende erlaubt und bin dankbar für diese Chance, die ich mir selbst gegeben habe. Erste Erfolge stellen sich bereits ein: Ich habe keinen Stress mit dem Thema »Rückkehr in den Job zur alten Firma«, denn es gibt auch Alternativen. Ich habe den Kopf voller Ideen, gestalte vorsichtig meine ersten Kunstwerke, ernte viel positives Feedback und verspüre eine enorme Energie. Es kann nur richtig sein.

Annes ausgedienter Glaubenssatz ist auch sehr typisch. Das Gefühl, Erwartungen erfüllen zu müssen, die ich mir noch nicht einmal selbst gesetzt habe, dominierte Annes Handeln. Der Ursprung hierfür kann vielschichtig sein: Der Wunsch, zu gefallen, brav zu sein, die Angst vor Ablehnung, die Angst, die eigenen Eltern oder Freunde zu enttäuschen. Oft steckt auch ein zu geringes Selbstwertgefühl dahinter. Ich möchte gefallen, geliebt werden, weil ich mir selbst nicht genug gefalle, weil ich mich selbst nicht genug liebe. Wir wollen hier nicht zu sehr psychologisieren, aber es ist sehr interessant, diese Muster zu beobachten. Anne hat gelernt, sich selbst so zu akzeptieren, wie sie ist, indem sie sich immer wieder gesagt hat: »Ich bin gut so, wie ich bin!!« Dieser Glaubenssatz tut fast allen Müttern gut, denn fast alle zweifeln daran, ob sie wirklich alles gut genug machen.

In diesem Kapitel, liebe Leserin, haben wir uns lange aufgehalten, und Sie haben viele Beispiele gelesen. Sicher finden Sie sich in dem einen oder anderen Beispiel wieder. Die nächsten Schritte sollten etwas flüssiger vonstattengehen, aber das Formulieren der Glaubenssätze ist essentiell wichtig, daher haben wir es ausgiebig behandelt. Denn wenn wir unser Kopfkino nicht in konstruktivere Bahnen lenken, werden unsere alten Glaubenssätze uns jeden neuen Plan wie eine Planierraupe zunichtemachen. Auf die Schuhe übertragen heißt das: In unseren alten Schluffen werden wir schwerfällig und plattfüßig über die am Boden liegenden, filigranen, nagelneuen Stöckelschuhe schreiten und sie so demolieren und schmutzig machen, dass wir sie nie wieder anziehen wollen. Und das wollen wir schließlich nicht, wir wollen doch schließlich rauf auf die hohen Absätze – oder etwa nicht?

Schritt 4:

Welche Modellrichtung passt zu mir? – Visionen formulieren

Wir haben im vorherigen Kapitel gelernt, uns langsam an die Stöckelschuhe zu gewöhnen. Unsere ersten Schritte auf den neuen Schuhen haben wir hinter uns gebracht. Stellen Sie sich vor, Sie haben diese Schuhe erst einmal geliehen, um zu testen, wie Sie überhaupt damit klarkommen. Und Sie haben gesehen: Es geht! Vielleicht ist es anfangs noch etwas wackelig und Sie würden gerne in Ihre ausgetretenen Hemmschuhe (in Form der bequemen alten Glaubenssätze) zurück, aber in der Summe finden Sie sich schon ganz prima auf den neuen Absätzen. Sie sind bereit für Ihr eigenes Paar Schuhe, für Ihr individuelles Modell.

Übertragen auf Ihr Leben heißt es in diesem Schritt, nun Ihre persönliche Lebensvision, Ihre Lebensziele konkret zu formulieren. Jetzt wollen Sie das neue Paar Schuhe, das Sie suchen, der Verkäuferin beschreiben können, damit sie Ihnen im Schuhgeschäft des Lebens passende Modelle zeigen kann. Sie erinnern sich an das Beispiel im ersten Kapitel, mit dem Fahrkartenschalter und dem Fahrtziel »Hauptsache weg von hier«. Auf unser Schuhbeispiel übertragen sähe das so aus: Sie kommen mit Ihren ausgetretenen Hemmschuhen in ein Schuhgeschäft und sagen: »Ich hätte gerne ein neues Paar Schuhe!« Die Verkäuferin fragt: »In welche Richtung soll es denn gehen (= Lebensvision) oder welches Modell soll es denn sein (= Lebensziel)?« Und Sie zeigen auf Ihre alten Schuhe und sagen: »Egal, aber anders als die hier!« Das mag lustig klingen, aber wie ich bereits eingangs erwähnte, erlebe ich diese Situation im Coaching sehr oft. Mütter kommen und sagen: »So, wie es jetzt ist, kann es nicht weitergehen!« Da gilt es für mich als Coach, zunächst herauszufinden, in welche Richtung es überhaupt gehen kann, was die Frauen wirklich wollen.

Sie haben ja im Zuge Ihrer Bastelarbeit schon einen Grundstein dazu gelegt, sich Ihrer eigenen Wünsche und Träume bewusst zu werden. Jetzt gilt es, diese zu konkretisieren, Visionen und Ziele daraus zu bauen.

Machen Sie sich zunächst Ihre eigenen Stärken bewusst, um Ihre Visionen und Ziele herauszufinden. Notieren Sie sich diese und befragen Sie auch Menschen aus Ihrem Umfeld.

Eine sehr erfolgreiche Methode, um herauszufinden, was Sie wirklich wollen, ist es im Übrigen, sich Ihre eigenen Stärken vor Augen zu führen. Sie können dazu verschiedenste Tests verwenden, wie z. B. den Gallup Strengthsfinder. Besonders hilfreich ist es, wenn Sie bei dieser Übung auch die verschiedenen Menschen, die Sie umgeben, einbeziehen. Nehmen Sie sich doch mal ein weißes Blatt Papier und schreiben Sie auf, was Sie besonders gut können. Dann fragen Sie Ihr Umfeld, Ihre Eltern, Geschwister, Freunde, Bekannte, Kinder, jeden, der zu diesem Thema eine Meinung haben könnte. Jeder soll Ihnen drei Dinge nennen, die Sie in seinen Augen besonders gut können. Schreiben Sie alle Punkte wortwörtlich auf. Schauen Sie sich das Ergebnis an. Sind Ihre Punkte die gleichen wie die Punkte der anderen? Gibt es eindeutige Schwerpunkte, die sich herauskristallisieren? Wie könnten diese Punkte Ihnen helfen, eine neue Lebensvision zu bauen oder Ihre bisherige Lebensvision zu verfeinern?

Um uns dem neuen Schuhmodell anzunähern, lassen Sie mich zunächst den Unterscheid zwischen einer Lebensvision und einem Lebensziel klarmachen. Am einfachsten lässt sich das an folgender Übung veranschaulichen. Nehmen wir an, wir teilen unser Leben in Anlehnung an Lothar Seiwert in vier Bereiche:

- ***Karriere (Beruf)***
- ***Beziehungen (Partner, Kinder, Familie, Freunde, Kollegen)***
- ***Fitness (Sport, Erholung, Entspannung)***
- ***Sonstiges (z. B. Sinnfragen, Spiritualität, Religion, Philosophie, Hobbys, Selbstverwirklichung etc.)***

Formulieren Sie Ihre Lebensvision für die Bereiche »Karriere«, »Beziehungen«, »Fitness«, »Sonstiges«. Denken Sie hierbei noch nicht an die Realisierbarkeit.

Eine Lebensvision entwickeln Sie, indem Sie für jeden dieser Bereiche grob festlegen, wie er in Zukunft aussehen soll. Mit einem Ziel formulieren Sie dann, wie Sie diese Vision konkret in Taten umsetzen wollen. Im Rahmen Ihrer Bastel- bzw. Schreibarbeit in Schritt 1 haben Sie hierfür schon den Grundstein gelegt. Jetzt geht es darum, diese Wunsch- und Traum-Vorstellung, die Sie von Ihrem Leben haben, auf diese vier Bereiche herunterzubrechen und schriftlich festzuhalten. Visionen sind Vorstellungen, vielleicht auch noch Träume. Inwieweit diese realisierbar sind, darum kümmern wir uns erst, wenn wir die Visionen in einzelne Ziele aufbrechen, denn sonst bleiben wir erfahrungsgemäß zu nah am Status quo hängen.

Den Bereich »Sonstiges« können Sie übrigens selbst mit Inhalt füllen, wie Sie wollen. Vielleicht fällt Ihnen nichts

Zusätzliches mehr ein, dann lassen Sie ihn einfach weg. Vielleicht fällt Ihnen etwas anderes ein, was Ihnen in Ihrem Leben noch in irgendeiner Form wichtig ist und von den anderen drei Begriffen nicht abgedeckt ist.

Um Ihre Lebensvision zu ergründen, können Sie sich auch vorstellen, wie eine Geburtstagsrede zu Ihrem 90. Geburtstag formuliert sein sollte, in der alle vier Lebensbereiche abgedeckt sind.

Ihnen ist noch nicht klar, wie eine Vision aussehen soll? Das macht nichts. Hier hilft ein einfacher Trick. Nehmen Sie an, Sie feiern Ihren 90. Geburtstag, und zwar nicht wie bei »Dinner for One«, sondern mit vielen Gästen, die Sie im Laufe Ihres Lebens begleitet haben. Ihre Kinder sind da, ehemalige Kollegen, Kunden, Freunde, Bekannte, Reisebekanntschaften etc. In dieser großen Runde hält jetzt eine Gruppe von Menschen eine Rede auf Sie. Was würde diese Gruppe über Sie in diesen vier Bereichen erzählen? Ich gebe Ihnen zur Veranschaulichung ein Beispiel, das gleich in die vier Bereiche aufgeteilt ist:

Karriere: »Iris liebte stets die Macht – die Macht, Dinge zu verändern und etwas zu bewegen. Ein echtes Erfolgserlebnis verspürte sie erst, wenn sie Dinge für andere sichtbar zum Positiven gewandelt hatte.«

Beziehungen: »Iris war und ist bis heute eine verlässliche Partnerin, Freundin, Kollegin und Mutter, die immer ein offenes Ohr hatte, ohne sich jedoch jemals selbst zu vernachlässigen.«

Fitness: »Iris war und ist ein Genussmensch. Sie hat sich regelmäßig ihre privaten Auszeiten genommen, in denen sie sich zur Entspannung in die Natur zurückgezogen hat. Ein gutes Essen war und ist ihr wichtiger als das Loswerden der paar Wohlstandspfunde, die für sie zum Sinnbild ihrer Ausgeglichenheit wurden.«

Sonstiges: »Iris liebte und liebt bis heute die Malerei. Das Malen ist ihre aktive Entspannung und in ihren Bildern verarbeitet sie oft ihre philosophischen Gedanken.«

An diesem Beispiel sehen Sie, dass die einzelnen Bereiche nicht trennscharf sind. Die Malerei unter dem Begriff »Sonstiges« passt selbstverständlich auch zum Bereich »Fitness« im Sinne der Entspannung, der geistigen, mentalen Fitness. Die Kollegin im Bereich »Beziehungen« ist natürlich auch ein Teil ihrer »Karriere«. Und das ist auch gut so, denn es geht ja um eine Person, um ein Leben, und dieses Leben ist ja kein »Entweder-oder«, sondern eine Balance zwischen den verschiedenen Bereichen. Entscheidend ist der Schwerpunkt, den wir jedem Bereich geben.

Nehmen Sie sich jetzt Zeit, Ihre persönliche Lebensvision für die drei bis vier Bereiche zu formulieren. Nehmen Sie Ihr Kunstwerk aus Schritt 1 hervor, zählen Sie langsam von 10 bis 1 und beamen Sie sich zurück auf den Alles-ist-möglich-Planeten. Definieren Sie nun für jeden der vier Bereiche einen Titel, der die Essenz Ihrer Vision zusammenfasst. Was ist der Tenor der Geburtstagsrede? Dieser steht in Ihrem Titel. Nennen Sie dann die für den jeweiligen Bereich wichtigen Personen und beschreiben Sie Ihre Vision für jeden Bereich. Tragen Sie jetzt ultrahohe Stöckelschuhe und stellen Sie sich vor, Sie können problemlos darauf laufen. Denken Sie an die Rede zu Ihrem 90. Geburtstag.

Finden Sie nun für jeden der vier Lebensbereiche einen Titel, der die Essenz Ihrer Vision enthält, nennen Sie die wichtigen Personen für jeden Bereich und beschreiben Sie Ihre Vision.

Ein Unterschied zu der Geburtstagsrede: Formulieren Sie die Vision im Präsens. Schreiben Sie, als sei der Zustand schon eingetreten. Warum? Das Präsens ist die Sprache unseres Unterbewusstseins. Jeder von Ihnen, der schon einmal autogenes

Formulieren Sie Ihre Vision im Präsens. Das Präsens ist die Sprache des Unterbewusstseins. Und formulieren Sie Ihre Vision positiv. Nach dem Gesetz der Anziehung ziehen Sie dann automatisch positive Dinge in Ihr Leben, die diese Vision erfüllen.

Training gemacht hat, weiß, dass ein Arm in der Tat schwer und warm werden kann, wenn man sich sagt: »Mein Arm ist schwer und warm.« Man sagt nicht: »Mein Arm wird schwer und warm sein.« Je mehr wir also unsere Vision zum Leben erwecken wollen, umso präsenter (im wahrsten Sinne des Wortes) muss sie sein. Eine Vision muss so formuliert sein, als wäre sie schon da, und sie muss positiv sein. In einer Vision haben Verneinungen und Ausgrenzungen von Negativem, wie z. B. »Ich schränke meine Kinder nicht ein«, keinen Platz. Denken Sie an die lila Kuh aus dem dritten Kapitel. Nichts in der Vision sollte unsere Gedanken ablenken.

Das Schöne an einer positiv formulierten Version im Präsens ist vor allem, dass wir gemäß dem Gesetz der Anziehung die Dinge anziehen, die diese Vision erfüllen. Zum Teil erfüllt sie sich also automatisch, wenn wir das Bild dieser Vision lebendig halten und vor unserem geistigen Auge kultivieren.

Das Problem der meisten Menschen liegt darin, dass sie an das denken, was sie nicht wollen. Sie denken an das, was sie von ihrer Vision trennt, statt an die Vision selbst. Sie wollen nicht zu spät kommen, sie wollen nicht krank werden, sie wollen keinen Streit – und was passiert? Gedanklich sind sie so fixiert auf das, was sie nicht wollen, dass es schließlich eintritt. Wenn wir uns hingegen auf das konzentrieren, was wir wollen, ziehen wir es an. Wir ziehen automatisch die Menschen an, die uns bei unserem Vorhaben helfen. Wenn wir denken, dass wir keinen Streit wollen, dann dominiert das Wort »Streit« unser Unterbewusstsein und prompt entfacht sich ein Streit, prompt begegnet uns eine streitsüchtige Person. Wenn wir stattdessen an »Harmonie« denken, ziehen wir harmonische Situationen und Personen an. Probieren Sie es einfach aus. Wenn wir an »keine Hemmschuhe« denken, haben wir das Bild unserer ausgelatschten Schluffen vor uns. Denken wir also lieber an »Stöckelschuhe«.

Insgesamt sollten folgende Punkte in der Vision auftauchen:

- ***Bereich der Vision (Karriere, Beziehungen, Fitness, Sonstiges)***
- ***Titel***
- ***Wichtigste Personen***
- ***Beschreibung der Vision***

Lesen Sie das Beispiel von Brigittas Lebensvision zum Thema »Beziehungen«.

Brigitta, 46 Jahre, selbständige Ärztin mit einer eigenen Praxis, drei Kinder (14, acht und zwei Jahre)
Meine Lebensvision zum Thema »Beziehungen« habe ich im Laufe meines Lebens einige Male überarbeitet. Seit einigen Jahren habe ich aber eine Vision, die ich gut finde, die Bestand hat und die mir extrem hilft, im stressigen Alltag zu priorisieren und auch einmal Nein zu sagen:

Titel: Lieber wenige, aber dafür tiefgehende Beziehungen

Wichtigste Personen:

- *mein Mann*

- *meine drei Kinder*
- *meine beste Freundin aus dem Studium Uta, meine Freundin Anna, die Mutter des besten Freundes meines Sohnes*
- *meine Mutter*
- *meine langjährige Arzthelferin Annika*

Meine Vision:
Ich habe mit meinem Mann eine glückliche Ehe. Wir lieben uns mit all unseren Ecken und Kanten, verzeihen uns unsere Fehler, respektieren uns und können uns blind vertrauen. Unsere Kinder erziehen wir zu ehrlichen, selbständigen Menschen, die ihre Ideen und Wünsche frei ausleben können und ihr eigenes Glück definieren können. Wir geben ihnen dazu Rückendeckung und Unterstützung. Meine wesentlichen Freundinnen und Kolleginnen finden in mir einen Partner auf Augenhöhe, der ihren Lebensstil respektiert und sie bei der Verwirklichung ihrer Wünsche und Träume unterstützt. Mit ihnen führe ich tiefgehende Gespräche und wir inspirieren uns immer wieder gegenseitig.

Eine weitere, durchaus kürzere Lebensvision könnte wie bei Charlotte formuliert sein. Sie hat folgende Vision im Bereich »Fitness«:

Charlotte, 52 Jahre, selbständige Vertriebspartnerin in einem Direktvertriebsunternehmen, zwei Kinder (20 und 18 Jahre)

Titel: ***Ich fühle mich fit und voller Energie und strahle natürliche Schönheit aus***

Wichtigste Personen:

- *mein Mann*
- *meine Kinder*
- *meine Teampartner in meinem Vertriebsteam*

Meine Vision:
Ich sorge mit gesunder Ernährung, hochwertiger Nahrungsergänzung, Sport und effektiver Kosmetik dafür, dass ich eine positive Ausstrahlung auf andere habe. Ich strahle Gesundheit, Energie, Lebensfreude und natürliche Schönheit aus und kann so andere mitreißen.

Klingt das gut? Klingt das zu gut für Sie? Umso besser!

Sie würden die oben stehenden Beispiel-Visionen aus diesem Kapitel am liebsten abschreiben? Vorsicht! Es geht um Ihre persönliche Vision! Wollen Sie wirklich dafür stehen? Es geht hier nicht um irgendeinen vordergründigen Hollywood-Glamour, sondern um die Vorstellung, die Sie mit einem absoluten Glücksgefühl erfüllt. Seien Sie ehrlich zu sich. Wenn Sie mehr der Typ sind, der gerne auf vielen Hochzeiten tanzt, sind Sie mit den wenigen tiefgehenden Kontakten von Brigitta vielleicht nicht richtig aufgehoben. Vielleicht heißt Ihre Vision dann eher: »Ich habe möglichst vielfältige, facettenreiche

Fremdbestimmte Idealbilder wirken als Hemmschuhe. Achten Sie deshalb darauf, dass Sie wirklich Ihre eigene persönliche Vision formulieren und seien Sie ehrlich zu sich selbst, um nicht in die nächste Unzufriedenheitsfalle zu geraten.

Kontakte und Freundschaften.« Und das ist völlig in Ordnung. Es geht hier nicht darum, einem vermeintlichen Idealbild zu entsprechen. Denn Idealbilder sind, wie wir am Beispiel von Anne im vorherigen Kapitel gesehen haben, fremdbestimmt und gehören somit in die Kategorie »Hemmschuh« – und genau davon wollen wir uns befreien. Es ist also sehr wahrscheinlich, dass Ihr neues Stöckelschuh-Modell etwas anders ist als das der anderen, und das ist auch gut so! Wir wollen doch nicht alle auf den gleichen Stilettos herumlaufen, wie langweilig wäre das denn! Die meisten Frauen empfinden diese Vorstellung sogar als peinlich.

Schrecken Sie also nicht vor sich selbst zurück. Wenn unter dem Begriff »Karriere« auftaucht, dass Sie es lieben, Macht zu haben, dann ist das in Ordnung. Macht ist nichts Negatives, solange sie in die richtigen Bahnen kanalisiert wird. Stehen Sie zu sich! Und vor allem: Formulieren Sie auch wirklich eine Vision für Ihre eigene berufliche Karriere, wie auch immer diese aussehen mag. Viele Mütter enden in der Unzufriedenheitsfalle, weil sie nur Visionen und Ziele für die Familie definiert haben, bis zu dem Tag, an dem die Kinder das Haus verlassen. Sie können sich sicher vorstellen, wie groß das Loch ist, das sich an diesem Tag unter ihnen auftut, wenn sie nie an einer anderen Vision als an dieser gearbeitet haben.

Und wenn Sie bei dem Begriff »Fitness« im Gegensatz zu Charlotte schreiben: »Ich genieße gerne ein üppiges Essen im Kreis von Freunden«, oder: »Ich bewege mich regelmäßig bei Spaziergängen«, ist das genauso in Ordnung. Wer hat denn gesagt, dass Menschen, die Karriere machen, einen Marathon laufen müssen und kein Gramm Fett an sich tragen dürfen?

Liebe Mütter, jetzt ist hier die einmalige Gelegenheit, vor uns selbst Klartext zu reden – ohne Wenn und Aber und ohne irgendjemandem gefallen zu müssen, außer uns selbst. Denken Sie daran, dass dies der Inhalt einer Rede ist, die Sie an Ihrem 90. Geburtstag über sich gerne hören wollen, mit dem sicheren Gefühl, dass Sie es richtig gemacht haben und jederzeit wieder so machen würden.

Kennen Sie die 80/20-Regel? Sie besagt, dass 80% der Ergebnisse mit 20% unserer Tätigkeiten erreicht werden. 80% der Zeit tragen wir 20% unserer Garderobe. 80% unserer Zeit verbringen wir mit 20% unserer Freunde etc. Bevor Sie an der Übung mit der Vision verzweifeln, beherzigen Sie diese Regel. Es fällt vielen von uns nicht leicht, ein solches Wunschbild zu malen. Vor allem wenn Ihr Glaubenssatz ist: »Ich muss alles perfekt machen!«, werden Sie hier nie mit sich zufrieden sein. Deshalb: Wenn Sie das Gefühl haben, zu 80% da zu sein, dann lassen Sie die Vision so stehen. Im Anhang finden Sie die Arbeitsblätter 7-10, in die Sie Ihre Vision für die vier Lebensbereiche eintragen können.

Wenn Sie glauben, Ihre Vision entspricht zu 80% Ihrer Vorstellung, dann lassen Sie diese so stehen. Perfektionismus wirft Sie zurück in die Hemmschuhe.

Es ist eine herrliche Übung, diese Vision einmal im Jahr, z. B. an Silvester, wieder herauszuholen und zu schauen, was man im vergangenen Jahr dafür getan hat. Manchmal ergeben sich dann noch Verfeinerungen oder Anpassungen, meistens aber passt das schon sehr gut. Schließlich ist es eine Vision/ein Bild und noch kein konkretes Ziel. An den Zielen müssen wir häufiger Anpassungen vornehmen, dazu kommen wir im nächsten Schritt.

Lassen Sie Ihre Vision drei bis vier Tage reifen und in Ihnen arbeiten, bevor Sie zum nächsten Schritt und somit zum

Lassen Sie Ihre neue Vision nun drei bis vier Tage auf sich wirken und nehmen Sie bewusst die Dinge wahr, die der neuen Vision zuträglich sind. So konditionieren Sie Ihr Unterbewusstsein und können im nächsten Schritt leichter konkrete Ziele formulieren.

nächsten Kapitel gehen! Lassen Sie Ihre Vision die Arbeit für Sie machen, d.h. ziehen Sie die Dinge an, die Ihrer Vision zuträglich sind. Nehmen Sie die Menschen, die Situationen wahr, die zu Ihrer neuen Vision passen und beginnen Sie ganz bewusst, alle Dinge, die zu Ihrer alten Vision und zu Ihren alten Glaubenssätzen gehörten, auszublenden. Lassen Sie das Gesetz der Anziehung arbeiten. So greifen Sie schon automatisch im Schuhregal nach Stöckelschuhen und nicht mehr nach Hemmschuhen. Und das passiert, weil Sie sich Stöckelschuhe vorstellen, vor Ihrem geistigen Auge positiv ausmalen und an Hemmschuhe gar nicht mehr denken. Je mehr Sie die Vision jetzt auf sich wirken lassen, umso leichter wird Ihnen das Formulieren der Ziele fallen. Weiter so, Sie sind auf dem besten Weg, bald ganz alleine darauf loszulaufen.

Schritt 5:

Auf ins Schuhgeschäft: Stöbern, probieren, kaufen! – Ziele definieren

Jetzt, wo die Vision formuliert, die Modellrichtung für unsere Stöckelschuhe festgelegt ist, wollen wir die einzelnen Modelle unseres neuen »Schuhparks« genauer beschreiben. Wir wollen die Visionen in einzelne Ziele aufbrechen und so den ersten Schritt zur erfolgreichen Umsetzung gehen.

Leiten Sie nun aus Ihrer Lebensvision konkrete Ziele ab!

Bei der Formulierung der Ziele liegt das größte Risiko. Zu gerne wollen wir unseren Schuhmodellen die Eigenschaften unserer bisherigen Hemmschuhe zuschreiben, zumindest was die Bequemlichkeit angeht. Vielleicht kennen Sie das Drei-Zonen-Konzept des amerikanischen Erlebnispädagogen Karl Rohnke. Es ist aus drei umeinander gelagerten Kreisen aufgebaut.

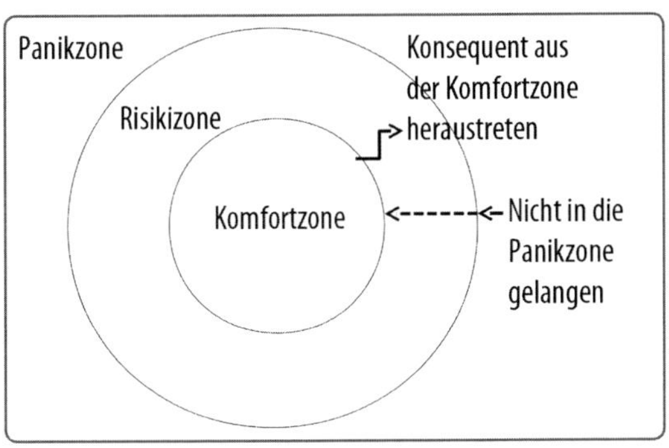

Im Inneren finden wir die Komfortzone. Hier fühlen wir uns wohl, dies sind die Dinge, die wir schon immer getan haben, von denen wir wissen, dass sie funktionieren. Hier ist es bequem, hier halte ich mich gerne auf. Schuhtechnisch sind wir hier in bequemen Tretern unterwegs, nicht notwendigerweise in Hemmschuhen, denn was wir in der Komfortzone tun, kann durchaus gewinnbringend sein.

Drumherum liegt die zweite Zone, die Risikozone. Hier muss ich mich schon ein wenig strecken. Das Ergebnis meines Handelns ist weniger vorhersehbar. Mir fällt es oft nicht leicht, die Dinge zu tun, die in diesen Bereich fallen, es kostet mich Überwindung. Hier trage ich definitiv schickere Schuhe mit ein wenig Absatz, auf denen ich auch nicht so ganz sicher laufe. Bezogen auf meine Karriere kann es z. B. bedeuten, dass ich mir Gedanken machen muss, ob das »Zurück in den vorherigen Job« wirklich die richtige Lösung ist, auch wenn sie so schön sicher und bequem erscheint, jetzt, wo mein ganzes Leben durch das oder die Kinder ohnehin viel mehr in der Risikozone stattfindet. Vielleicht gibt es aber auch ganz andere Optionen, die mich meiner Vision ebenfalls näher bringen können, über die ich aber bisher noch nicht nachgedacht habe. Das Schöne an der Risikozone ist, dass ich jedes Mal, wenn ich sie betrete, zugleich meine Komfortzone ein Stück ausdehne. Bin ich z. B. ein Mensch, der Angst hat, auf Fremde zuzugehen – ein nicht seltenes Phänomen –, dann bedeutet ein konsequenter Schritt in die Risikozone, dass ich z. B. auf einer Veranstaltung, die ich besuche, bewusst auf mindestens einen fremden Menschen zugehe und ein Gespräch mit ihm beginne. Mache ich dies konsequent immer und immer wieder, dann wird die Angst mit jedem Mal kleiner, irgendwann wird es mir sogar Spaß machen.

Das Zugehen auf Leute ist Teil meiner Komfortzone geworden, sie hat sich ausgedehnt. Auf den vorher wackeligen Schuhen laufe ich jetzt ganz sicher.

Außerhalb der Risikozone liegt die Panikzone, hier bin ich definitiv überfordert, hier habe ich nicht Angst, sondern die Angst hat mich. Und ich bin tendenziell in meinem Handeln eingeschränkt, da ich nicht mehr klar denke. Auf meinen viel zu hohen Absätzen stolpere ich und knicke dauernd um. Was immer wir tun, wir sollten also genau darauf achten, dass wir uns beim Formulieren unserer Ziele ruhig in die Risikozone bewegen (die Zone, in der wir uns fragen, ob wir auf den Schuhen wohl laufen können), aber nicht in die Panikzone (die Zone, in der wir uns sicher sind, dass wir auf diesen Schuhen nur stolpern werden). Denn die Panikzone katapultiert mich in hohem Bogen zurück in meine Hemmschuhe, also in den tiefsten Kern der Komfortzone, lässt mich Dinge komplett über Bord werfen und quetscht von außen die Risikozone und die Komfortzone zusammen. Während Risiko mich wachsen lässt, da es die Chance auf Gelingen hat, lässt mich die Panik schrumpfen, da sie mich lähmt und die geringen Aussichten auf Erfolg meines Handelns mich zu einem kompletten Zweifler werden lassen.

Bei der Formulierung Ihrer Ziele ist es wichtig, dass Sie sich aus der Komfortzone des Gewohnten herausbegeben und in die Risikozone hineinwagen. Durch Übung wachsen Sie und können die Risikozone schrittweise in Ihre Komfortzone umwandeln.

In der Risikozone sollte die Mehrzahl Ihrer Ziele formuliert sein, damit Sie auch wirklich den Weg auf die neuen High Heels finden. Sie sagen sich jetzt sicher: »Was? Ich soll meine Ziele in der Risikozone formulieren? Das kann ich nicht, ich will kein Risiko, in meinem Leben hat sich schon genug verändert.« Und ich sage Ihnen: Genau deshalb! Wie einfach und ohne nachzudenken Sie in der Risikozone unterwegs sind,

Formulieren Sie die Mehrzahl Ihrer Ziele in der Risikozone. Falls Sie zweifeln, erinnern Sie sich daran, dass Sie sich mit der Gründung Ihrer Familie durchaus bereits in die Risikozone wagten – und dies auch gemeistert haben!

haben Sie doch in den letzten Monaten oder Jahren selbst erlebt: Die Schwangerschaft, die Geburt, die ersten schlaflosen Nächte, ein Kind, das schreit und sich nicht beruhigen lässt, das erste Fieber, die Wahl der Tagesmutter, der Krippe, der Schule, die Liste ist endlos. Das alles ist und war Neuland für Sie und somit sicher keine Komfortzone. Und was haben Sie getan? Sie haben es gemeistert, manches vielleicht sehr gut, manches vielleicht noch etwas holprig. Finden Sie nicht, dass es mal wieder an der Zeit wäre, sich vor den Spiegel zu stellen und sich zu sagen, was Sie in den letzten Monaten oder Jahren gut gemacht haben, obwohl es in Ihrer Risikozone war, d.h. auf wackligen Absätzen stand (um bei unserem Bild zu bleiben)?

»Ja«, werden Sie jetzt sagen, »ich hatte ja auch keine Wahl, ich musste mich ja um das Kind kümmern.« Sie haben immer eine Wahl. Krass gesprochen: Sie hätten Ihr Kind ja auch zur Adoption freigeben können, oder der Oma geben können, weil sie es besser kann. Nein, Sie wollten sich darum kümmern, auch wenn Sie wussten, dass der Schuh extrem wackelig und hoch ist, aber Sie hatten den Ehrgeiz, den starken Willen, dies alles zu lösen. Sie sind daran gewachsen, Ihr Gang wurde von Tag zu Tag sicherer. Manchmal sind Sie ins Straucheln geraten, aber Sie haben sich immer wieder aufgefangen. Und das soll jetzt bei der Planung Ihrer Ziele anders sein? Sie sind so toll gewachsen in den letzten Monaten, haben so viel erreicht, so fundamental wichtige Dinge verändert, und jetzt wollen Sie vielleicht alles über Bord werfen und zurück in die kuscheligen Schlappen? Ich hoffe, Ihr eigener Stolz kann Sie von diesem Schritt zurück abhalten, liebe Mütter.

Also: Ran an unsere neuen Ziele, wir wollen rote, blaue, grüne Schuhe, mit Pailletten oder ganz schlicht, wir wollen wagen und Komplimente ernten, vielleicht auch den einen oder anderen skeptischen Blick. Egal, uns muss der Schuh gefallen. Und wenn er es nach einer Weile absolut nicht tut, dann tausche ich ihn gegen ein anderes Modell, aber die alten Schlappen, die will ich wirklich nicht mehr. Und um dem Ganzen noch ein wenig die Dramatik zu nehmen, frage ich Sie: »Haben Sie denn noch nie einen Fehlgriff beim Kaufen von Stilettos gemacht? Haben Sie deswegen gleich in Frage gestellt, ob Ihnen Stöckelschuhe überhaupt stehen?«

Lesen Sie unten zum Mutmachen einige Beispiele von Frauen, die sich hohe, vielleicht auf den ersten Blick unerreichbare Ziele gesteckt haben – und diese erreicht haben. Liebe Mütter, diese Frauen sind keine Überfrauen, es sind Frauen wie Sie und ich, mit den gleichen Selbstzweifeln, Gewissensbissen ihren Kindern gegenüber, mit den gleichen »Ich würde ja gerne …, aber kann ich denn wirklich?«-Gedanken. Aber sie haben es gewagt, ihr Leben in die Hand zu nehmen, und sind glücklich damit.

Anja, 43, Head of Planning bei einer Werbeagentur in Teilzeit (80%), ein Kind (sieben Jahre)

Zunächst war mein Ziel, dass mein Job nach dem Kind nicht weniger anspruchsvoll sein soll als vorher. Ich nahm in Kauf, dass dies für mich einen Fulltime-Job bedeutete. Das viel schwerere Ziel war es, vom Fulltime-Job auf eine Vier-Tage-Woche herunterzuschrauben und gleichzeitig eine Beförderung zu bekommen. Das ist ein Ziel, welches in einer Werbeagentur – gerade in einer inhabergeführten und besonders ambitionierten – eigentlich ein Unding ist. Auf Führungsebene gibt es so gut wie keine Mütter und fast jeder Mitarbeiter ist problemlos dazu bereit, einen Großteil seiner Freizeit dem Job zu widmen.

Wie ich das Ziel erreicht habe: Ich habe ein Jahr einen Fulltime-Job gemacht und mich stark auf den Job konzentriert. Dabei habe ich in Kauf genommen, dass Familie und Freundeskreis hinten anstehen. Nach diesem Jahr habe ich mich dann im Job so weit profilieren können, dass es einfacher war, mein Ziel der Vier-Tage-Woche durchzubekommen.

Denken Sie erst in Job-Inhalten, dann in Arbeitszeiten!

Was an Anjas Beispiel besonders auffällt, ist, dass sie das Endziel, was ihren Job angeht, zunächst einmal nicht am Arbeitszeitmodell festgemacht hat. Diesen Rat würde ich Ihnen immer geben. Überlegen Sie erst einmal, was Ihnen an ihrem Job inhaltlich wichtig ist, denken Sie dann erst an die Arbeitszeiten. Wie in Anjas Fall findet sich hier oft ein Weg zum Ziel. Wenn Anja sich von vorneherein auf die kürzere Arbeitszeit als Ziel limitiert hätte, wäre ihr Job sicher weniger anspruchsvoll gewesen.

Annette, 41 Jahre, Senior Consultant, zwei Kinder (elf und neun Jahre)

O.k., es war etwas gewagt (oder bescheuert?), mit 39 noch ein privates Studium zu starten, zumal das Durchschnittsalter der übrigen Mitstudenten bei gefühlten 22

liegt, aber ich hatte den Ehrgeiz, zu den besten Drei der Klasse zu zählen. Und es hat geklappt bzw. ich habe sogar als Einzige mit 14 Punkten – also 1 – abgeschlossen. Sogar in BWL, VWL und Statistik waren die Klausuren zwischen 13 und 14 Punkten. Und das, obwohl meine letzte Ableitung 23 Jahre her war, denn Mathe hatte ich bereits als schriftliches Fach in der elften Klasse abgewählt (= ging damals noch). O.k., ganz ehrlich, hätte ich vor Studienbeginn nur eine der statistischen Berechnungsformeln zu Gesicht bekommen, hätte ich mich nicht getraut anzufangen.

Annettes Bespiel zeigt sehr schön, dass wir bei unseren Zielen und Wünschen zunächst in der Vogelperspektive bleiben sollten. Wo wollen wir langfristig hin? Auf welchen Schuhen wollen wir laufen? Wir sollten sie uns dann aber nicht zu genau ansehen, diese Schuhe, wo eventuell der Haken sein könnte, sondern erst einmal unseren Traum formulieren und diesen stark machen. Sonst laufen wir Gefahr, viel zu früh die Ziele an den Nagel zu hängen, wie Annette es beim ersten Anblick der statistischen Formel gemacht hätte, so sie ihr vor dem Studium begegnet wäre.

Stecken Sie Ihre Ziele ruhig etwas höher, aber denken Sie nicht zu lange über mögliche Hindernisse nach, sonst laufen Sie Gefahr, Ihre Ziele komplett über Bord zu werfen.

Patricia erging es ähnlich. Wenn sie sich stundenlang ausgemalt hätte, wie schwierig ihre Ziele zu erreichen sind, hätte sie niemals angefangen, daran zu arbeiten. Sie hat einfach mal gemacht, und sie hat gut daran getan, die Ziele hoch zu stecken.

Patricia, 44 Jahre, selbständige Übersetzerin, zwei Kinder (elf und 14 Jahre)
Ich kam als Französin nach Deutschland und konnte kein Wort Deutsch. Um überhaupt Fuß zu fassen, musste ich zuerst die deutsche Sprache lernen. Nachdem ich ein paar Kurse belegt hatte, formten sich höhere Ziele. Ich wollte mehr. Das heißt, ich wollte die Sprache noch besser können und dafür ein Diplom erhalten. Also habe ich mit dem Germanistik-Studium angefangen. Mittlerweile schreibe ich an meiner Doktorarbeit. Noch ein Jahr und ich kann sagen: Ich habe es geschafft! Als ich anfing, zu studieren, sagte ich zu mir: Ich weiß nicht, warum ich mir so was antue, aber ich spüre, ich bin mir sogar sicher, irgendwann werde ich zu mir sagen: Das hast du richtig gemacht!

Haben Ihnen die Beispiele ein wenig Mut gemacht, Ihre Ziele ruhig etwas höher zu stecken? Rund gelaufen ist es bei diesen Frauen auch nicht immer, aber der Fokus auf ihre Ziele hat sie getrieben und mitgerissen. Und ich kann Ihnen versichern: Allen diesen Frauen geht es heute sehr gut, sie sind mit sich und der Welt zufrieden.

Um also jetzt Ihre Visionen aus dem vorherigen Kapitel in Ziele zu übersetzen, sollten Sie sich mit einem weißen Blatt Papier ausstatten und brainstormen. Das Falscheste wäre jetzt, uns auf das erste Ziel einzuschießen, das uns in den Sinn kommt. Noch mag unsere Sichtweise von unseren Hemmschuhen gesteuert sein. Das legen wir auch nicht von jetzt auf gleich ab. Jetzt gilt es, unseren Blick mehr zu öffnen für die möglichen neuen Ziele, die am Horizont auftauchen – oder auf unsere Schuhe bezogen: nach sämtlichen Modellen zu »googeln«, die ich mir auch nur annähernd an meinen Füßen vorstellen kann.

Ich bediene mich hierbei gerne einer Technik meiner Trainer-Kollegin Sabine Asgodom, die ich für ihre pragmatische, unprätentiöse und daher nicht weniger zielführende Art äußerst schätze: das Alternativenrad.

Übung: Alternativenrad

Zeichnen Sie für jede Ihrer Visionen einen Kreis und schreiben Sie in die Mitte Ihre Vision für einen Lebensbereich. Malen Sie nun um jeden Kreis Sonnenstrahlen und notieren Sie mögliche Ziele zur Verwirklichung der Visionen.

Malen Sie dazu einfach mitten auf Ihr weißes Blatt einen Kreis, in den Sie Ihre Vision stichpunktartig hineinschreiben, z. B. glückliche Ehe, um auf das Beispiel aus dem letzten Kapitel zurückzukommen. Auf ein weiteres Blatt malen Sie einen weiteren Kreis und schreiben den nächsten Teil Ihrer Vision, z. B. ehrliche, selbständige, freie Kinder. Nehmen Sie für jeden Lebensbereich und für jeden Teil Ihrer Vision ein separates Blatt. Jetzt malen Sie ausgehend von dem Kreis in der Mitte Striche wie Sonnenstrahlen und schreiben auf jeden der Striche ein mögliches Ziel, um diese Vision zu erreichen, z. B. einmal pro Woche feste Zeiten zu zweit, einmal pro Woche ein Abend nur Gespräche über andere Themen als Kinder, einmal pro Jahr ein Urlaub zu zweit etc. Je spezifischer Sie hier sein können, umso besser.

Wichtig ist, dass Sie Ihre Ziele so formulieren, dass Sie hinterher klar sagen können, ob Sie sie erreicht haben oder nicht.

Indem Sie dem Ziel eine zeitliche Dimension geben oder Mengenangaben festlegen, machen Sie es überprüfbarer. Falls Sie schon Mengenangaben festlegen können und wollen, tun Sie es hier. Wenn Sie z. B. das Ziel formulieren: »Wir nehmen uns mehr Zeit für uns«, dann können Sie im Nachhinein nicht

Formulieren Sie Ihre Ziele als Zustand, nicht als Prozess. Verwenden Sie das Partizip II und klare Zeit- und/oder Mengenangaben wie z.B. »bis Ende nächsten Jahres« oder »einmal pro Woche« etc. Nur so können Sie später überprüfen, ob Sie Ihr Ziel erreicht und Ihre Komfortzone wirklich verlassen haben.

klar sagen, ob Sie es erreicht haben. Was ist schon »mehr« und wie viel mehr? Sie können sich hier immer herausmogeln und sagen: »Wir haben uns doch an einem Abend zehn Minuten in Ruhe unterhalten, das haben wir früher nie getan.« Aber diese Art der Formulierung reicht nicht. Hier sind wir mitten in der Komfortzone, bewegen uns in kleinen Schritten und es wird uns schwer fallen, den Rückenwind zu bekommen, den wir brauchen, um unser Ziel zu erreichen. Wir können nicht einfach ein bisschen Absatz an unsere Hemmschuhe anbringen. Wir müssen dann schon ein komplett neues Modell Schuhe vor unser geistiges Auge rufen.

Wählen Sie also große Endziele, formulieren Sie diese aber möglichst spezifisch und messbar. Sie können jedes Ziel immer durch eine Zeitkomponente messbar machen, d.h., bis wann Sie es erreicht haben wollen. Für Ihren Beruf könnte ein Ziel z. B. lauten: »Einen Umsatz von x bis zum Ende des Jahres erzielt haben.« Wichtig ist auch, dass in Ihren Zielen keine Verlaufsformen vorkommen, sondern Verben immer im Partizip II formuliert werden. Sie schreiben also nicht: »Mehr Zeit für mich gewinnen«, sondern: »Zwei Stunden Zeit pro Woche gewonnen haben.« Warum? Weil dies einen gewünschten Zustand beschreibt und nicht einen zeitlich unbeschränkten Prozess. Der Prozess ist der Weg zum Ziel, und der interessiert uns an dieser Stelle nicht.

Bleiben Sie aber auf einer hohen Zielebene, d.h., gehen Sie nicht zu sehr in Details, indem Sie z. B. festlegen, wo Sie den Urlaub verbringen, was Sie in der Zeit zu zweit alles tun wollen oder welche Freundin Sie treffen wollen. Wir wollen unseren Schuh ja nicht bewusst bis zur letzten Paillette definieren, sondern Stück für Stück konkretisieren.

Lassen Sie sich bei dem Alternativenrad gerne helfen und listen Sie jede Idee auf, die Ihnen in den Sinn kommt, und sei sie noch so abwegig. Lassen Sie Ihren Partner Ideen aufschreiben, lassen Sie Ihre Kinder und Freunde helfen. Und vor allem: Empfinden Sie Spaß dabei. Schreiben Sie nichts auf, wogegen Sie innerlich schon eine Aversion haben, weil Sie sich z. B. zu reglementiert fühlen oder eingeschränkt.

Aber denken Sie auch jetzt noch nicht an die Umsetzung und lassen Sie Zweifel nicht zu, wie: »Oh Gott, wie soll ich das denn alles schaffen!« Müssen Sie ja gar nicht. Wir sammeln ja erst einmal Ideen. Malen Sie Alternativenräder, so viel Sie wollen, mit den verrücktesten Ideen. Haben Sie einfach nur Spaß dabei, sonst nichts. Sie malen sich gerade ein halbes Schuhgeschäft, das Sie niemals leerkaufen werden. Das Kaufen, sprich das Eingrenzen der Alternativen, folgt erst im nächsten Schritt. Jetzt befinden wir uns auf dem Alles-ist-möglich-Planeten, mit den verrücktesten Designern. Oft sind es Gedanken, Wünsche, Träume, die Sie schon seit Ihrer Kindheit nicht loslassen, die jetzt endlich den Einzug in die Reihe Ihrer Ziele aus dem Alternativenrad schaffen.

Lassen Sie sich auch von Menschen aus Ihrem unmittelbaren Umfeld inspirieren und denken Sie beim Brainstorming noch nicht an die Umsetzung. Lassen Sie Zweifel an der Realisierbarkeit an dieser Stelle nicht zu.

Ihre Alternativenräder könnten folgendermaßen aussehen:

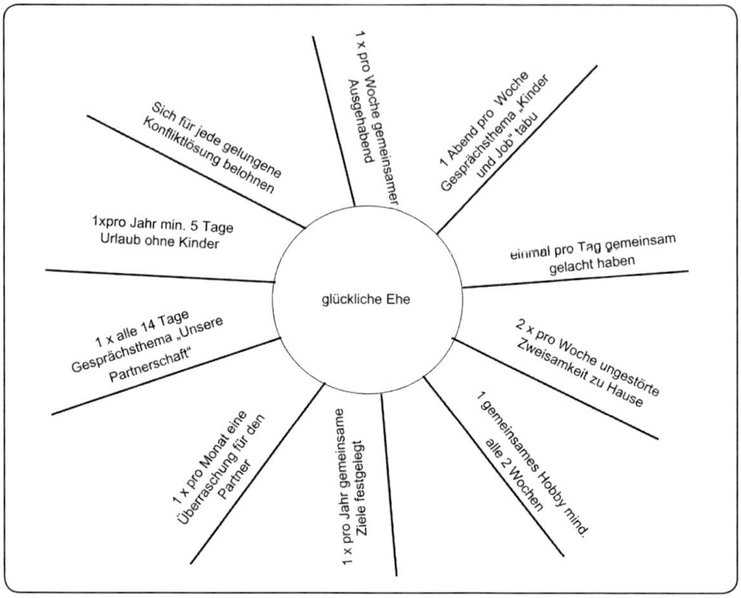
glückliche Ehe
1 x pro Woche gemeinsamer Ausgehabend
1 Abend pro Woche Gesprächsthema „Kinder und Job" tabu
einmal pro Tag gemeinsam gelacht haben
2 x pro Woche ungestörte Zweisamkeit zu Hause
1 gemeinsames Hobby mind. alle 2 Wochen
1 x pro Jahr gemeinsame Ziele festgelegt
1 x pro Monat eine Überraschung für den Partner
1 x alle 14 Tage Gesprächsthema „Unsere Partnerschaft"
1xpro Jahr min. 5 Tage Urlaub ohne Kinder
Sich für jede gelungene Konfliktlösung belohnen

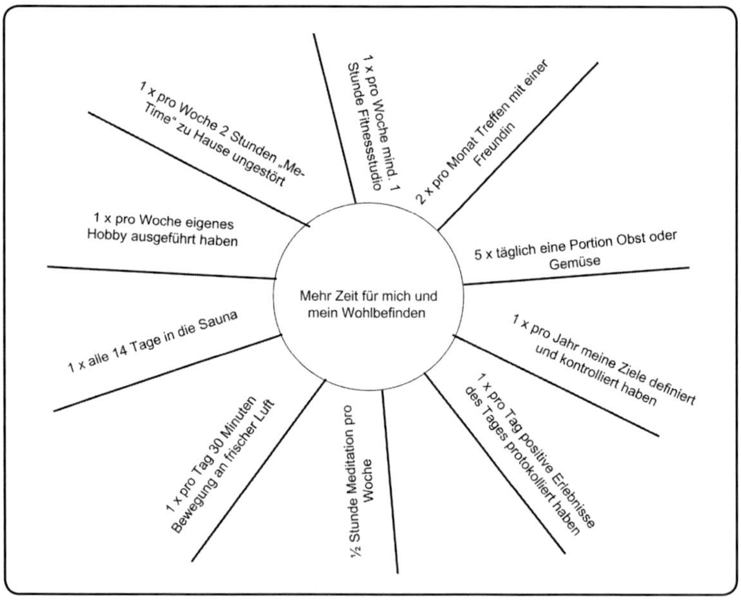
Mehr Zeit für mich und mein Wohlbefinden
1 x pro Woche mind. 1 Stunde Fitnessstudio
2 x pro Monat Treffen mit einer Freundin
5 x täglich eine Portion Obst oder Gemüse
1 x pro Jahr meine Ziele definiert und kontrolliert haben
1 x pro Tag positive Erlebnisse des Tages protokolliert haben
½ Stunde Meditation pro Woche
1 x pro Tag 30 Minuten Bewegung an frischer Luft
1 x alle 14 Tage in die Sauna
1 x pro Woche eigenes Hobby ausgeführt haben
1 x pro Woche 2 Stunden „Me-Time" zu Hause ungestört

Puh! Geschafft! Am besten lassen Sie das Sammelsurium von Alternativenrädern einfach mal ein bis zwei Tage ruhen. Dann ergänzen Sie Alternativen, die Ihnen noch über Nacht oder spontan eingefallen sind oder die andere Menschen Ihnen zugesteckt haben. Gehen Sie in den nächsten Tagen mit offenen Augen und Ohren durch die Welt. Fragen Sie Menschen, was ihnen zum Stichpunkt »Glückliche Ehe« oder »Mehr Zeit für mich« einfällt, einfach so, ohne groß einen Zusammenhang zu erklären. Sie werden staunen, wie viel Inspiration und Ideen Sie sich noch suchen können und wie limitierend unsere eigenen Vorstellungen oft sind. Andere Menschen wohnen nämlich in anderen Städten, haben schon andere Schuhgeschäfte gesehen und favorisieren andere Modelle. Dieser Schritt ist immens wichtig. Jeder Schuh, den Sie jetzt nicht beschreiben, wird den Weg an Ihren Fuß nicht finden, den können Sie nicht kaufen. Ist das nicht ein herrliches Hobby, Schuhe zu sammeln? Wenn man Klischees Glauben schenkt, müsste jedes Frauenherz jetzt höher schlagen.

Wenn Sie mit der Fülle Ihrer Schuhsammlung zufrieden sind, und das kann auch bis zu einer Woche dauern, geht es ans Auswählen. Jetzt werden Sie zum Punktrichter am Rande des Laufstegs.

Bewerten Sie nun die Ziele auf Ihren Alternativenrädern nach Bauchgefühl mit Punkten von 0 bis 10.

Vergeben Sie 10 Punkte für Ziele, die Sie am liebsten sofort umsetzen würden, und 0 Punkte für Ziele, die gar nicht in Frage kommen. Also 10 Punkte für die Schuhe, die Sie sehen und sofort anziehen wollen, 0 Punkte für absolute No-gos. Dazwischen ist die Skala fließend. Bewerten Sie die Ideen zunächst nach Bauchgefühl: Auf welche Ziele hätten Sie am meisten Lust? Welche Schuhe würden Sie echt gerne mal an Ihren Füßen tragen?

Machen Sie mit Ihren Zielen bewusst noch keinen Realitäts-Check bzw. mit Ihren Schuhen bewusst noch keinen Trage-Check! Dieser folgt erst im nächsten Schritt. Denn der Schuh, den Sie in einem solchen Realitäts-Check aussortieren, weil Sie z. B. glauben, ihn in Ihrem Kontext nicht tragen zu können, landet nie mehr in Ihrem Schrank. Dabei wissen Sie doch gar nicht, ob sich der Kontext nicht doch noch bieten kann, ob sich Ihre Lebensumstände nicht doch noch verändern werden, weil Ihnen der Schuh so gut gefällt und Sie vielleicht den Anlass suchen, ihn zu tragen, statt den Schuh auf Basis der momentan vorhandenen Anlässe auszusortieren. Sie werden ihn immer klassifizieren als den Schuh, den Sie damals schon nicht wollten und den Sie demnach nie wollen werden. Aber eines Tages, wenn Sie sich vielleicht mehr zutrauen, könnte er ja mal eine echte Alternative sein. Wenn Sie ein Ziel bzw. ein Schuh rein emotional aus dem Bauchgefühl heraus anspricht, dann geben Sie ihm viele Punkte. Schuhe kaufen wir selten mit dem Kopf (Wanderschuhe vielleicht), Ziele auch nicht! Sie müssen uns einfach irgendwie gefallen, und wir müssen niemandem erklären warum.

Nehmen Sie sich nun die Ziele vor, die Sie mit 7 bis 10 Punkten bewertet haben, und markieren Sie diese nach dem Grad ihrer Umsetzbarkeit. Reflektieren Sie besonders kritisch die Ziele mit 9 und 10 Punkten, die Ihnen schwer umsetzbar erscheinen.

Wenn Sie alle Alternativen mit Punkten bewertet haben, gehen Sie zurück zu den Zielen, die Sie mit 7 bis 10 Punkten bewertet haben. Jetzt können Sie gerne einen kleinen Realitäts-Check durchführen. Markieren Sie in Grün die Alternativen bzw. Ziele, die Ihnen sofort umsetzbar erscheinen, in Blau diejenigen, die etwas Aufwand erfordern, und in Gelb die Alternativen, die noch einiges an Vorarbeit fordern bzw. weitreichende Konsequenzen oder Verhaltensänderungen von Ihnen erfordern. Sie sind jetzt an einem sehr kritischen Punkt angekommen, denn jetzt trennen Sie die Spreu vom Weizen, jetzt trennen Sie die Schuhe, die Sie sofort anziehen wollen, von den Schuhen, die Sie vielleicht später mal, vielleicht aber auch nie mehr anziehen wollen. Daher ist hier äußerste Vorsicht geboten. Wenn ein Schuh Sie ganz besonders fasziniert, also 10 Punkte bekommen hat, Sie ihn aber in Gelb markiert haben, überlegen Sie gut! Welchen Preis müssten Sie dafür bezahlen, diesen Schuh zu tragen? Vielleicht müssten Sie vorher noch ein wenig üben, vielleicht müssten Sie ein paar Dinge an Ihrer Garderobe ändern, damit der Schuh dazu passt, vielleicht … Wären Sie bereit, diesen Preis zu zahlen und es auszuprobieren? Wären Sie bereit, dieses Ziel anzugehen, auch wenn Sie dazu noch einige andere Stellschrauben bewegen müssten? Dann übertragen Sie diese Alternative auf Ihr finales Ziele-Blatt, das Sie als Arbeitsblatt 11 im Anhang finden.

Halten Sie das Blatt überschaubar. Sie müssen vielleicht nicht alle Dinge gleichzeitig angehen. Fokussieren Sie auf Ihre persönlichen Top 3 bis maximal Top 5, und das sind nicht unbedingt die am höchsten gesteckten Ziele, sondern die, die Ihnen das Gefühl geben, am meisten vorwärts zu kommen.

Konkretisieren Sie nun auf Ihre persönlichen Top 3, maximal Top 5 der Ziele, die Sie umsetzen möchten.

Ich empfehle Ihnen aber, für jeden Lebensbereich Ziele zu formulieren, um sich überhaupt an das Arbeiten mit Zielen zu gewöhnen. Definieren Sie für jede Modellrichtung drei bis fünf Paar Schuhe, die Sie tragen wollen. Sie haben so ein konkretes Modell vor sich und damit arbeitet es sich oft leichter. Vor allem wird es Bereiche geben, wo Sie Ihre Ziele ohnehin schon gut umsetzen können, wo es Schuhe gibt, auf denen Sie jetzt schon gut laufen. Bei den meisten Müttern ist das der Bereich der Kindererziehung. Hier haben Sie vielleicht Ziele formuliert wie die tägliche ausgewogene Ernährung, das wöchentliche »Animationsprogramm« mit Krabbelgruppe, musikalischer Früherziehung oder auch der wöchentliche Kontakt zu anderen Kindern zur Förderung des Sozialverhaltens, der tägliche Spaziergang an der frischen Luft etc. Vielleicht lachen Sie und denken: Das sind schon Ziele? Ja, das sind Ziele! Ziele sind oft nichts Hochtrabendes, über das wir tagelang nachdenken müssen. Meist stecken sie schon implizit in unserem Tun und Handeln. Sie haben sie nur nicht zu Papier gebracht, aber Sie haben sie vor Ihrem geistigen Auge.

Sie können Ziele in sämtlichen beruflichen und privaten Bereichen formulieren. Schrecken Sie nicht davor zurück, denn Sie werden feststellen, dass Sie bereits sehr oft implizit Ziele verfolgt und erreicht haben, ohne dass Ihnen dies explizit bewusst war.

Fangen Sie durch diese Übung an, Ziele in anderen privaten und beruflichen Bereichen zu verschriftlichen, nicht um sich zu quälen, sondern um Spaß zu haben. Außerdem erzeugt es Motivation, wenn Sie feststellen, dass Sie schon implizit ganz oft mit Zielen arbeiten, und vor allem wenn Sie Ihre Ziele erreichen. Viele Mütter haben ihre Ziele zusammen mit der Familie definiert und so Stöckelschuhe gefunden, die auch der Familie gefallen, wie z. B. feste gemeinsame Zeiten, in denen man etwas Besonderes unternimmt, statt Daueranwesenheit der Mutter. Je mehr Sie sich daran gewöhnen, mit Zielen zu arbeiten, umso mehr werden Sie sehen, was Sie alles erreichen können, umso mehr Rückenwind werden Sie für neue Ziele haben und umso mehr werden Sie an sich selbst glauben. Sie werden bald laufen wie ein Model.

Bedenken Sie beim Formulieren Ihrer Ziele aber auch, dass Menschen verschieden sind. Manche Frauen bekommen einen Kaufkater, wenn sie teure Schuhe gekauft haben, und bereuen, dass sie so viel Geld ausgegeben haben. Nennen wir diese Frauen »Kaufkatertyp«. Andere finden die Schuhe erst toll, wenn sie richtig teuer waren, nennen wir diese Frauen »Je-teurer-desto-besser-Typ«. Auf Ziele bezogen bereut der Kaufkatertyp oft größere Schritte und bevorzugt kleine, erreichbare, überschaubare Ziele, die nicht wehtun. Der Je-teurer-desto-besser-Typ wird erst richtig motiviert durch die großen Ziele, zu kleine Ziele bremsen ihn aus.

Nehmen wir an, Sie haben das Ziel, einen Fulltime-Job anzunehmen, und Ihr Glaubenssatz ist, dass nur Sie selbst Ihre Kinder richtig versorgen können. Wenn Sie der Kaufkatertyp sind, dann ist die Gefahr sehr groß, dass Sie Ihr Ziel gar nicht erst angehen, weil der Preis, den Sie dafür zahlen müssen (die Kinder in fremde Hände geben), zu hoch ist. Oft liegt der Preis für ein Ziel nämlich in einer fundamentalen Abkehr von unseren Glaubenssätzen oder in grundlegenden Verhaltensänderungen.

Wenn Sie der Je-teurer-desto-besser-Typ (also der Luxus-Typ) sind, kann es für Sie eine immense Motivation bedeuten, diese radikale Veränderung bei der Betreuung Ihrer Kinder vorzunehmen. Die Verhaltensänderung Ihrerseits wäre sehr groß, aber Sie wären auch sehr stolz, diesen großen Schritt zu schaffen, und würden eine große Motivation daraus ziehen, weiterzumachen.

Überlegen Sie bei Ihrer Zielauswahl auch, ob Sie lieber kleine überschaubare Ziele angehen oder ob Sie Ihre Motivation gerne aus großen Zielen mit eventuell weit reichenden Konsequenzen ziehen.

Überlegen Sie selbst, ob Sie eher der Kaufkatertyp oder der Luxus-Typ sind, und stecken Sie die Ziele entsprechend hoch oder weniger hoch. Gerade beim Kaufkatertyp können recht kleine Ziele sehr sinnvoll sein, wie z. B. erst einmal wieder mehr Zeit mit dem Partner zu verbringen und so zu lernen, bei den Kindern ein wenig mehr loszulassen. Der Luxus-Typ würde den Fulltime-Job anstreben, mit allem was daran hängt.

Egal, welcher Typ Sie sind, oder wenn Sie auch nicht wissen, welcher Typ Sie sind: Das Wesentliche ist, dass Sie sich wohl- und stolz fühlen, wenn Sie sich vorstellen, Ihr Ziel erreicht zu haben, und dass Sie Lust darauf haben, daran zu arbeiten. Und ein bisschen strecken sollten Sie sich in jedem Fall, denn sonst würden Sie zu nah am Status quo bleiben, und die alten Schluffen nur mit ein bisschen Absatz aufzupeppen sieht einfach nicht gut aus.

Vergessen Sie den Spaßfaktor und die Leichtigkeit nicht, Ziele sind Spaß und nicht Zwang. Freuen Sie sich auf die neuen Schuhe.

Übersehen Sie aber auch hier auf keinen Fall den Spaßfaktor. Wir wollen uns ja nicht zu etwas zwingen. Das Leben ist kein Kampf, sondern ein bunter Strauß an Möglichkeiten, und Sie haben soeben ein paar Blumen gepflückt und zusammengestellt oder (um wieder bei unserem Beispiel zu bleiben) ein paar Stilettos zum Ausprobieren mit nach Hause genommen. Ein mulmiges Gefühl dürfen Sie ruhig haben. »Ob ich darauf wohl laufen kann …?«, darf Ihnen schon in den Sinn kommen. Ein bisschen Aufregung brauchen Sie sicher, um aus Ihrer Komfortzone herauszukommen, aber im Sinne von Lampenfieber, nicht im Sinne von Selbstzweifeln. Haben Sie Lampenfieber? Wunderbar, das ist die perfekte Voraussetzung, um loszulegen. Trauen Sie sich! Viele andere Frauen haben sich vor Ihnen getraut und es nicht bereut. Arbeiten Sie die nächsten drei Kapitel möglichst zügig durch, denn jetzt gilt die 72-Stunden-Regel, die ich Ihnen im nächsten Kapitel vorstelle.

Schritt 6:

Wild entschlossen, auf den neuen Schuhen zu laufen! – Das Ziel verfestigen und zur fixen Idee machen

Sie haben gewählt! Sie haben Ihre Top-3-Ziele bzw. Paar Schuhe vor sich stehen. Und bevor Sie diese in der Öffentlichkeit tragen, wollen Sie das Laufen darauf üben. Hier gilt eine Regel: Je länger Sie die Schuhe anschauen, umso weniger wahrscheinlich wird es, dass Sie sie jemals anziehen. Sie schauen sie von allen Seiten an und denken: »Oje, die sind wirklich hoch! Und passen die überhaupt zu meiner Garderobe? Sind sie nicht ein wenig zu auffällig? Ist das Muster vielleicht doch etwas unpassend, nicht der gesellschaftlichen Norm entsprechend?« etc. etc. Und prompt haben Sie Ihr neues Paar Schuhe »tot gezweifelt«. Aber waren sie dafür nicht ein wenig zu teuer? Hatten Sie dafür beim Aussuchen nicht viel zu viel Spaß?

Zweifeln Sie nun nicht mehr an Ihren Zielen, die Sie gewählt haben, sondern beginnen Sie binnen 72 Stunden mit der Ausführung der ersten Schritte.

Die sogenannte 72-Stunden-Regel besagt, dass wir, wenn wir ein Ziel haben, binnen 72 Stunden anfangen müssen, es konkret auszuführen, sonst sinkt die Wahrscheinlichkeit auf unter 1%, dass wir jemals damit beginnen. Beim Aussuchen der Schuhe hatten Sie alle Zeit der Welt, konnten Ihre Befindlichkeiten bezüglich der Modelle vorwärts und rückwärts durchdenken. Sie konnten überlegen, ob die Schuhe passen oder nicht, ob sie zu gewagt sind oder nicht, oder ob Sie einfach nur euphorisch werden, wenn Sie die Schuhe ansehen. Jetzt haben Sie sie bezahlt, sie stehen zu Hause, vielleicht haben Sie sogar viel dafür bezahlt, zumindest haben die Schuhe eine Menge Überwindung und Mut gekostet und mit Sicherheit ein gedankliches Abkehren von alten Gewohnheiten, die sehr bequem waren, ein Abkehren von Ihren Hemmschuhen. Jetzt darf es kein Zurück mehr geben, und das ist auch gut so! Freuen Sie sich, denn die Entscheidung, »ob oder ob nicht«, müssen Sie nun nicht mehr treffen.

Erleben Sie Ihre neuen Ziele mit allen Sinnen, um sie zu verinnerlichen. Lassen Sie Ihr großes Endziel zu einer fixen Idee werden. Stellen Sie Ihre neuen Schuhe auf einen Sockel.

Stellen Sie die neuen Schuhe auf einen leuchtenden Sockel, will sagen: Geben Sie Ihren neuen Zielen einen sichtbaren Platz. Hängen Sie sich einen Zettel mit Ihren Zielen an den Kleiderschrank, an den Kühlschrank, an den Badezimmerspiegel, überall hin, wo Sie pausenlos vorbeikommen. Finden Sie einen Weg, Ihre neuen Schuhe (sprich Ziele) mit allen Sinnen zu erleben. Tanzen Sie mit den neuen Schuhen zu einem Ihrer Lieblingssongs (ordnen Sie Ihren Zielen ein fröhliches Lied zu, das Sie gerne hören). Hängen Sie ein Foto, das Ihre Ziele sinnbildlich verkörpert, überall auf, z. B. Sie im Chefsessel oder Sie als erfolgreiche Vertriebsmitarbeiterin oder einfach nur Sie mit einem gewissen Maß an Luxus und Wohlstand. Viele Frauen hängen auch symbolisch für Ihre Ziele das selbst gebastelte Kunstwerk aus Schritt 1 auf. Stellen Sie sich vor, wie es sich anfühlt, wenn Ihr Ziel verwirklicht ist. Halten Sie das Gefühl fest. Das Bild von Ihrem Ziel muss vor Ihrem geistigen Auge leuchten und Sie müssen sich tagtäglich so verhalten, als hätten Sie das Ziel bereits erreicht. Das bedeutet konkret, dass Sie bereits jetzt einen aparteren Gang an den Tag legen, auch wenn Sie noch auf flachen Schuhen unterwegs sind, aber das Schluffen, das Sie sich in den Hemmschuhen angewöhnt haben, gehört ab jetzt der Vergangenheit an.

Auf ein konkretes Beispiel übertragen: Wenn Sie als Ziel haben, sich selbständig zu machen, dann verhalten Sie sich ab heute so. Das heißt z. B., dass Sie Entscheidungen treffen. Treffen Sie Entscheidungen im Kleinen, wenn Ihnen große Entscheidungen noch zu heikel sind, aber entscheiden Sie! Der Selbständige muss auch entscheiden. Kultivieren Sie dieses gewinnbringende Verhalten tagtäglich aufs Neue. Es wird zur Routine und zu einer ganz ungeahnten Fähigkeit werden. Geschlufft wird nicht mehr, auch nicht wenn Sie den Stöckelschuh abends ausziehen.

Denken und verhalten Sie sich ab jetzt so, als hätten Sie Ihre Ziele bereits erreicht.

Gute Erfahrungen habe ich, analog zu den neuen Glaubenssätzen aus Kapitel 3, mit Zielkarten gemacht. Schreiben Sie nicht nur Ihre neuen Glaubenssätze auf eine Karteikarte, schreiben Sie eine weitere Karte mit Ihren Zielen oder mit Ihren wichtigsten Zielen und verfahren Sie damit genauso wie mit Ihrem Glaubenssatz. Lesen Sie sich Ihr Ziel mehrmals am Tag laut vor, hängen Sie ein Bild davon auf, fühlen Sie es in Ihrer Tasche, ordnen Sie ihm einen Duft zu. Oder nehmen Sie Ihr Kunstwerk aus Schritt 1, kopieren Sie es klein, laminieren Sie es (einfache Laminiergeräte gibt es bereits für wenig Geld, oder gehen Sie in einen Copyshop) und tragen Sie es bei sich. Wichtig ist, dass Sie Ihr Ziel immer wieder vor Augen haben und mit allen Sinnen erleben, damit es zu einer fixen Idee wird. Sie wollen diesen Schuh, den Sie immer wieder bei sich haben, sicher beherrschen. Ziehen Sie ihn immer und immer wieder an!

Wichtig ist jetzt erst einmal, dass Sie das große Endziel vor Augen haben, dass Sie es wirklich wollen. Wie Sie zum Ziel kommen, schauen wir uns im nächsten Kapitel an. Nehmen Sie sich jetzt einen Tag, aber wirklich nur einen Tag (!), um Ihr großes Ziel bzw. Ihre großen Ziele auf einen Sockel zu stellen. Aber schauen Sie sie nicht argwöhnisch an, sondern freuen Sie sich über die neuen Schuhe. Lesen Sie hier einige Beispiele von Frauen, die ihre Ziele mit einem brennenden Verlangen zu einer fixen Idee gesteigert haben, und dies auch geschafft haben.

Karin, 68 Jahre, pensionierte Produktentwicklerin für Kosmetik, heute selbständig, ein Sohn (38 Jahre)

Mit 26 war ich mit meinem Chemie-Studium fertig. Und sofort bemühte ich mich, meine Träume zu verwirklichen, meine Fantasien in Ideen und diese in die Realität umzusetzen. Ich begann in der Forschung und Entwicklung zu arbeiten, allerdings nicht in der Kosmetik, wo ich immer schon hinwollte, sondern im Bereich Silikate, Keramik, Glas, wo ich Energiesparlampen entwickelte.

Mein Sohn wurde geboren, als ich 30 Jahre alt war. Welch ein Glück, eine Freude! In den ersten Monaten musste ich lernen, mit dem Baby umzugehen. Jede Mutter kennt das. Die Schuhe, die ich trug, waren »Latschen«, aber ich liebte sie. Bald fingen diese Latschen aber an zu drücken, ich wollte zurück in meinen Job, den ich über alles liebte.

Den Traum, in der Kosmetik zu arbeiten, hatte ich nie aufgegeben. So bewarb ich mich in einer Kosmetikfirma und wurde zum Gespräch eingeladen, das aber nach wenigen Minuten endete. Die Herrschaften vom Personaloffice erklärten mir, ich sei ungeeignet für die Kosmetik, es fehle mir die Fantasie für das Schöne, da ich aus dem Bereich der Glühlampen komme.

Diese unqualifizierte Absage ärgerte mich. Es war mein erklärtes Ziel, Kosmetik zu entwickeln, es war mein brennendes Verlangen. Da erinnerte ich mich, dass eine Freundin den technischen Direktor derselben Firma kannte, und ich bat sie, einen Termin für mich auszuhandeln. Das Gespräch in seinem Büro dauerte lange, er hatte die gleichen Fragezeichen wie seine Personalkollegen, aber mein brennendes Verlangen muss durch jeden meiner Sätze hörbar und spürbar gewesen sein. Als ich sein Büro verließ, wusste ich instinktiv: Ich habe es geschafft. Und ich hatte es geschafft … Die Schuhe, die ich anzog, waren rot vor Glück!!!!

Das Beispiel von Karin zeigt sehr schön, dass wir in der Lage sind, mutigere Wege zu gehen, wenn wir ein brennendes Verlangen haben, unser Ziel zu erreichen. Wenn wir diese Schuhe unbedingt tragen wollen, dann finden wir Wege, sie zu tragen, die kreativ und mutig sind. Wie viele Frauen hätten nach der Absage von den Personalchefs gesagt, dass sie es in der Kosmetikbranche nicht schaffen werden. Die Tatsache, dass Karin sogar in der gleichen Firma noch einmal auf anderem Weg angeklopft hat, zeigt, wie sehr der Wunsch in ihr brannte.

Wenn Sie Ihren Wunsch zu einem brennenden Verlangen gesteigert haben, finden Sie auch mutigere und kreativere Wege, Ihre Ziele zu erreichen.

Bei vielen Menschen ist das brennende Verlangen nicht seit der Kindheit da. Es entsteht oft erst, wenn der Leidensdruck mit der jetzigen Situation zu groß wird, wie das folgende Beispiel von Emma zeigt.

Emma, 44 Jahre, Motopädin, zwei eigene Kinder (17 und 16 Jahre) und ein Dauerpflegekind (elf Jahre)
Als mein Mann studiert hat, habe ich in meinem alten Beruf als Gymnastiklehrerin gearbeitet. Da der Beruf mir zu geringe Zukunftsperspektiven bot, habe ich mir vorgenommen, unbedingt noch etwas anderes (Weiterbildung, Studium oder neue Ausbildung) zu machen. Dann wurden unsere Kinder geboren, als beide im Kindergarten waren, habe ich eine berufsbegleitende Weiterbildung gemacht, die an jedem Wochenende an zwei Tagen stattfand und außerdem vier Blockwochen und einige Praktika umfasste, insgesamt über zwei Jahre lang. Ich musste eineinhalb Stunden fahren und habe an den Wochenenden einmal übernachtet. Mein Mann und meine Kinder haben das super mitgemacht und dadurch auch eine besondere Beziehung zueinander entwickelt. Während der Woche war ich für die Kinder zuständig, gelernt habe ich oft abends. Ich war damals sehr motiviert, weil ich jeden Tag mehr Möglichkeiten und Perspektiven für mich im Berufsfeld Motopädie entdeckt habe. Ich habe mir vorgestellt, wie es ist, als Motopädin zu arbeiten. Ich konnte mir nicht mehr vorstellen, bis zur Rente in meinem ersten Beruf zu arbeiten.

Es ist recht unterschiedlich, wie Frauen an ihr Ziel gelangen. Die einen fokussieren erst einmal auf ein paar Schuhe (ein Ziel in einem Lebensbereich) und sorgen dafür, dass sie dies erreichen, sprich, dass sie sicher auf den Schuhen laufen können. Dann holen Sie das nächste Paar hervor und durchlaufen den gleichen Prozess. Andere probieren abwechselnd alle Paare, sprich arbeiten an allen Zielen aus allen Lebensbereichen gleichzeitig und können nach ein paar Wochen auf allen laufen. Welchen Weg Sie verfolgen, hängt in erster Linie von Ihrem Typ ab und davon, wie schnell Sie sich entmutigen lassen. Wenn Sie beim ersten Straucheln am liebsten alle Schuhe gleich wegwerfen würden, dann fangen Sie mit den kleineren Absätzen und erst einmal mit einem Paar Schuhe an, bei dem das Risiko fürs Straucheln nicht so groß ist. Wenn Sie eher in die Kategorie »Hoppla, jetzt komm ich!« gehören, dann probieren Sie mehrere Schuhe parallel. Wenn es mit dem einen Paar mal nicht so gut läuft, nehmen Sie das andere, das geht dann an diesem Tag vielleicht einfacher.

Für die Umsetzung können Sie sich zunächst nur ein Ziel vornehmen und an diesem arbeiten, bis Sie sich sicher fühlen. Sie können aber auch mehrere Ziele parallel angehen.

Ich gebe Ihnen ein Beispiel aus meinen Coachings:

Susanne, Vollzeit berufstätig, Mutter von zwei Kindern, pflegt ihre kranken Eltern bei sich zu Hause. Sie sucht dringend mehr Work-Life-Balance. Ihre erklärten Ziele: Sie möchte pro Woche zwei Stunden Zeit nur für sich und sie möchte pro Woche einen Nachmittag für sich und die Kinder. Wenn Susanne ein Ziel nach dem anderen angeht, sieht das Szenario so aus: Sie definiert pro Woche einen Tag, an dem die Kinder für zwei Stunden die Pflege der kranken Eltern übernehmen, damit sie in dieser Zeit zum Sport gehen kann. Nach anfänglichem Maulen der Kinder funktioniert dies wunderbar, nur einmal kommen die Kinder ihrer Verpflichtung nicht nach, weil am nächsten Tag Klassenarbeiten anstehen. Susanne hat dafür Verständnis, ist aber enttäuscht darüber, dass die Kinder sie vor vollendete Tatsachen stellen. Sie einigt sich mit den

Kindern, dass in Zukunft in solchen Fällen von den Kindern gleich ein Ersatztermin definiert wird, damit Susannes Ziel nicht über den Haufen geworfen wird. Susanne genießt die Zeit für sich, dies gibt ihr Raum, um nachzudenken und zu sich zu finden. Nach zwei Monaten ist sie bereit für Schritt 2: Sie hat jetzt lange genug nachgedacht und spricht mit ihrem Arbeitgeber darüber, ihre Arbeitszeit auf 80% zu reduzieren. Die Verhandlungen verlaufen recht zäh, der Arbeitgeber hält gar nichts von solchen Teil-Abwesenheits-Lösungen. Susanne muss für dieses Ziel etwas mehr Widerstände überwinden als beim ersten Ziel. Nach sechs Wochen zähen Verhandelns lässt sich der Arbeitgeber probeweise auf die Lösung ein. Susanne hat freitagnachmittags frei. An diesem Tag ist meist ohnehin nicht mehr so viel los und die Kinder haben auch kein Nachmittagsprogramm. Anfangs wird Susanne oft angerufen, weil die Kollegen noch Fragen haben. Sie hat echte Zweifel, ob dieses Szenario jemals funktionieren wird, aber sie beschließt durchzuhalten. Sie beginnt, ihre Kollegen zu »erziehen« und den Freitagnachmittag mehr und mehr zu verteidigen. Sechs Monate später hat sie keine Störungen aus dem Büro mehr an ihrem Freitagnachmittag.

Susanne hat sicher gut daran getan, ein Ziel nach dem anderen anzugehen. Sonst hätte sie vielleicht der Mut verlassen. Wären der Ausfall der Kinder durch Klassenarbeiten und die vielen Anrufe aus dem Büro in ein enges Zeitfenster gefallen, so wäre Susanne Gefahr gelaufen, ihre beiden Ziele aufzugeben. Sie hätte sich gesagt: »Das war ja klar, dass das nicht funktionieren konnte«, und nichts hätte sich geändert. Durch das schrittweise »Abarbeiten« der Ziele hat sie jedem Ziel die Chance auf Erfolg gegeben und hatte genug Energie, gegen entmutigende Ereignisse anzugehen. Und diese Ereignisse werden sicher eintreten. Es gibt nicht den zu 100% ebenen Weg, schon gar nicht für Absatzträger.

Auch Anja aus dem ersten Kapitel hat sich zunächst auf den Fulltime-Job in der Agentur konzentriert und dann nach einer harten, aber zeitlich befristeten Phase die Früchte geerntet und mehr Zeit für die Familie verhandelt.

Lesen Sie hier das Beispiel von Ilona, die einen ähnlichen Weg verfolgt hat und ein Ziel nach dem anderen angegangen ist. Das brennende Verlangen für das Endziel war dabei nie ganz verschwunden.

Ilona, 52 Jahre, heute selbständige Trainerin, drei Töchter (23, 27 und 30 Jahre), eine Enkeltochter (drei Jahre)

Schon als Kind hatte ich den Wunsch, als Lehrerin zu arbeiten. Am liebsten Sportlehrerin, weil ich selbst sehr sportlich war. Da ich durch meinen frühen Leistungssport meine Knochen und Gelenke sehr strapaziert hatte, hatte ich beim Abitur schon drei Knieoperationen hinter mir und ich dachte, ein solches Studium könnte ich mit den Verletzungen nicht bewerkstelligen. Aus irgendeinem Grund habe ich aber Englisch studiert und als Fremdsprachenkorrespondentin gearbeitet. Ich bekam drei wunderbare Töchter. Der Gedanke an den Sportlehrerberuf ging mir aber nie aus dem Kopf. Als meine zwei älteren Töchter etwas größer waren und im Verein Sport machten, habe ich kurzerhand dort das Training übernommen, da es mir sehr antiquiert erschien.

Innerhalb kürzester Zeit hatte ich eine riesige Gruppe, die ich mit Begeisterung leitete – ehrenamtlich natürlich. Ich probierte es also erst einmal in einem kleinen überschaubaren Rahmen. Durch den Zuspruch und die Erfolge hier konnte ich mein angeschlagenes Selbstbewusstsein wieder stärken. Ich wollte mehr, las Bücher über positives Denken, Ziele setzen usw. Durch den Erfolg gestärkt, kamen auch Gedanken an den Wiedereinstieg ins Berufsleben. Also nahm ich erst mal einen Stundenjob in einer Spedition an. Da konnte ich immer dann ein paar Stunden arbeiten, wenn die Kinder in Schule und Kindergarten waren. Ich wollte mich in kleinen Etappen an neue Ziele herantasten, mich nicht überfordern und entmutigen. Dann wurde in meiner Firma eine Halbtagsstelle ausgeschrieben. Zuerst traute ich mir das nicht zu, da es sich um Verkaufsinnendienst handelte, meine neuen Kollegen redeten aber auf mich ein, bis ich mich bewarb. Mein Chef war sicher, dass ich zu schüchtern wäre und für so etwas nicht geeignet. Er wollte mir aber eine Chance geben und warf mich ins kalte Wasser: Ich sollte ein Verkaufsgespräch führen, ohne wirklich etwas davon zu verstehen, mit ihm im Rücken. Die Tage vorher konnte ich kaum schlafen, aber ich erinnerte mich an die positiven Affirmationen. Ich schrieb mein Ziel auf, visualisierte Glückwünsche meiner Kollegen und stellte mir immer wieder vor, wie ich am eigenen Schreibtisch arbeiten würde. Ich bekam Tipps von den Kollegen und das Gespräch lief super, ich machte gleich einen Abschluss und wurde eingestellt. Leider hat meine Ehe diesen Entwicklungsprozess nicht überstanden, ich zog aus und wollte für mich selbst sorgen, was bei drei Kindern mit einem Halbtagsjob nicht einfach war. Also begann ich, Kinderenglischkurse für Kinder ab drei Jahren anzubieten, an drei Nachmittagen. So war ich wieder bei meinem Traum vom Lehrerberuf angekommen. Im Januar hatte ich den ersten Kurs voll, im März waren es schon vier und so ging es weiter. Ich arbeitete morgens in der Spedition und nachmittags gab ich die Kurse, daheim, in meinem Wohnzimmer am Boden. Ich war zu stolz, um Unterhalt für mich zu nehmen. Der Kinderunterhalt war sehr spärlich, aber durch meine zwei Jobs kam ich gut hin. Ohne meine Ziele vor Augen hätte ich das alles nie geschafft, und immer wenn ich ein Ziel erreicht hatte, habe ich mich dem nächsten gewidmet. Was aber immer geblieben ist, ist das brennende Verlangen, es zu schaffen. Heute gebe ich Kurse in verschiedensten Bereichen und bin sehr glücklich, dass ich den Traum vom Lehrerberuf nie ganz aufgegeben habe. Ich hatte wahrlich viele Ziele, sowohl beruflich (Lehrerberuf) als auch privat (finanziell auf eigenen Füßen stehen), die ich Stück für Stück angegangen bin.

Patricia, die Sie aus dem vorherigen Kapitel bereits kennen, hat hingegen mehrere Ziele gleichzeitig bearbeitet:

Patricia, 44 Jahre, selbständige Übersetzerin, zwei Kinder (elf und 14 Jahre)

Mein Ziel war es, mein Studium fertigzustellen und dann auch gleich zu arbeiten und möglichst schnell eine Familie zu gründen. Klar ist das eine Herausforderung. Aber man kann durchaus abwechselnd einen Tag für die Familie und einen Tag fürs Studieren einplanen und parallel Teilzeit arbeiten. Es ist eine Frage der Organisation. Das Ziel erreicht man zwar erst nach einer längeren Zeit, der Vorteil jedoch ist, dass man nicht stehen bleibt. Jeder Tag bringt die Zukunftsvision ein Stück näher. Wichtig ist: Die Ziele immer vor Augen behalten und nicht aufgeben! Ich habe mir immer vorgestellt, dass dies jetzt sicher eine Durststrecke ist, aber warten wollte ich nicht. Die Visionen von meinen verschiedenen Lebensbereichen haben mich motiviert.

Es gibt aber auch Frauen, die zu mir ins Coaching kommen und recht klare Vorstellungen darüber haben, was sie wollen, doch sie lassen sich entmutigen durch das Gerede anderer: »Als Frau schaffst du es doch eh nie nach ganz oben, als Mutter schon gar nicht.« Sie haben zwar eine klare Vorstellung davon, wo sie hinwollen, aber wenig klare Vorstellungen davon, wie sie dahin kommen – mit dem Ergebnis, dass es ein Leichtes ist, ihr Ziel anzugreifen. Es steht auf einem sehr wackligen Sockel. Liebe Mütter, Stöckelschuhe sind eben wacklig, man muss das Laufen darauf erst lernen, vielleicht indem man sich Schritt für Schritt an die endgültige Absatzhöhe zentimeterweise herantastet, d.h., das Ziel in kleine überschaubare Etappenziele einteilt, oder indem man immer stundenweise das Laufen übt und die Stöckelschuhe dann auch wieder auszieht. Das bedeutet übersetzt, dass wir uns Stück für Stück im Laufe der Zeit unserem großen Ziel nähern, genauso wie durch die Schritte in diesem Buch. Aber, wir ziehen nicht die Hemmschuhe wieder an. Diese werfen wir mit großer Freude spätestens heute in den Müll. Dann gehen wir lieber eine Weile barfuß, aber wir gehen.

Sie haben jetzt Ihr großes Ziel definiert, stellen Sie es, wie gesagt, einen Tag auf einen Sockel und bewundern Sie es. Schleichen sich Zweifel ein, so machen Sie sich selbst Mut. Sagen Sie sich: »Das schaffe ich schon, ich muss ja nicht stundenlang in der Öffentlichkeit darauf laufen, ich kann es ja auch erst einmal für mich probieren.« Gehen Sie aber auf jeden Fall sofort am nächsten Tag zum folgenden Kapitel über, denn jetzt gilt es, gemäß der 72-Stunden-Regel keine Zeit zu verlieren und den Rückenwind durch das leuchtende Zielbild mitzunehmen.

Machen Sie sich selbst Mut und freuen Sie sich beim Anblick Ihres leuchtenden Zielbildes. Gehen Sie gleich, spätestens am nächsten Tag zu Schritt 7 über.

Schritt 7:

Schritt für Schritt zum sicheren Gang – Den besten Weg zum Ziel finden

Jetzt, wo unser Wille zum Ziel ein brennendes Verlangen geworden ist, wo wir nicht mehr warten können, die neuen Schuhe endlich zu tragen, sollten wir uns über den Weg zum Ziel Gedanken machen. Wir müssen nun unser Ziel in erreichbare Etappenziele unterteilen.

Teilen Sie Ihr Ziel jetzt in überschaubare Etappenziele ein! Finden Sie heraus, nach welchem Muster Sie Ihre Etappenziele festlegen!

Je nach Typ gibt es hier mehrere Vorgehensweisen. Wir haben im vorherigen Kapitel gesehen, dass manche Frauen gleich mehrere Ziele gleichzeitig angehen, manche lieber ein Ziel nach dem anderen. Genauso gibt es verschiedene Wege zum Ziel und verschiedene Muster, wie ich mein großes Endziel in überschaubare Etappenziele einteilen kann. Es ist allerdings zu beobachten, dass Frauen, die mehrere Ziele gleichzeitig angehen, gerne auch relativ hohe Etappenziele stecken. Diejenigen, die ein Ziel nach dem anderen angehen, stecken sich normalerweise auch moderatere Etappenziele. Schauen Sie selbst, in welchem der drei folgenden Etappenziel-Muster Sie sich am meisten wiederfinden.

Muster A: **Alles ist möglich zu jeder Zeit**

Muster A:

Sie stecken sich ein sehr hohes, scheinbar nicht erreichbares Ziel und arbeiten von morgens bis abends für alle sichtbar an dessen Realisierung.

Die Frau, die nach diesem Muster lebt, wird sich gleich die höchsten Schuhe kaufen, die es gibt, und von morgens bis abends darauf laufen üben. Übersetzt auf unsere Ziele heißt das, dass diese Frau sich ein sehr hohes, scheinbar nicht erreichbares Ziel steckt und von morgens bis abends an dessen Erreichung arbeitet. Vom Typ her haben wir es mit einer Frau zu tun, die mit Gegenwind gut umgehen kann und sich weder von der Absatzhöhe zu sehr beeindrucken lässt noch beim ersten Straucheln aufgibt. Der Vorteil: Diese Frau wird relativ schnell einen stattlichen Erfolg verbuchen und gewisse Schritte wie im Flug nehmen. Ihre Dynamik und Power werden den einen oder anderen Widersacher abschrecken, er wird ihr aus dem Weg gehen. Leute, die ihren Plan unterstützen, wird sie mitreißen. Die Gefahr: Strauchelt sie an einem Tag einmal zu viel oder vielleicht sogar zu heftig, dann läuft sie Gefahr, ihre Schuhe (sprich ihr Ziel) gleich in den Müll zu werfen. Sie kommt weder auf die Idee, es mit einem etwas flacheren Modell zu probieren (d.h. ihre Zwischenziele ein wenig kleiner zu stecken), noch wird sie jemals wieder das Thema »hohe Schuhe« in Angriff nehmen. Schlimmstenfalls lässt sie ihr Ziel fallen wie eine heiße Pellkartoffel und wird nie wieder darüber nachdenken. So euphorisch ihr Bild davon war, so schnell kann es auch zerplatzt sein wie eine Seifenblase.

Das Positivbeispiel für dieses Muster ist Karina. Sie hat sich zum Ziel gesetzt, in zwei Monaten einen Marathon zu laufen, bisher ging sie nur gelegentlich joggen. Sie steht ab sofort dreimal pro Woche morgens um 5.00 Uhr auf und trainiert vor der Arbeit und bevor die Kinder wach sind. Ihre Widersacher – nämlich in diesem Fall ihr Mann, der sie schlichtweg für verrückt erklärt hat, weil sie sich so etwas antut, und ihre Kinder, die Karina ab 7.00 Uhr fordern – sind um diese Uhrzeit noch »ausgeschaltet«, über sie kann Karina in diesem Fall nicht stolpern. Karina kauft sich eine Lauflampe, damit sie in der Dunkelheit gut sehen kann, und lädt für jeden Tag neue Musik auf ihren MP3-Player, damit sie optimale Voraussetzungen hat. Plötzlich wird eines ihrer Kinder krank und ihr Mann ist auf einer Geschäftsreise. Hier kann die Situation jetzt kippen. An diesem Morgen kann Karina nicht laufen, sie kann nicht ein fieberndes Kind im Bett zurücklassen. Bei vielen Frauen nimmt jetzt das Unheil seinen Lauf. Sie erlauben sich mehr und mehr Ausnahmen, ziehen die Stöckelschuhe (in diesem Fall die Laufschuhe) immer öfter aus und werfen sie schließlich ganz weg, mit dem Gedanken: »Dein Mann hat doch recht gehabt, die Idee ist verrückt!« Aber Karina lässt die Stöckelschuhe bzw. in diesem Fall die Laufschuhe an. Sie geht an diesem Tag nicht um 5.00 Uhr morgens joggen, aber sie geht noch an diesem Tag, und zwar nachmittags, nachdem sie einen Babysitter organisiert hat (was um 17.00 Uhr etwas einfacher zu realisieren ist als um 5.00 Uhr). Karina ist drangeblieben und hat zwei Monate später den Marathon in einer sehr zufriedenstellenden Zeit hinter sich gebracht.

Muster B:

Sie stecken sich ein relativ hohes Ziel und arbeiten erst einmal für sich an dessen Verwirklichung.

Muster B: **Alles zu seiner Zeit und erst mal für mich**

Die Frau, die nach diesem Muster lebt, wird sich ein relativ hohes Paar Schuhe kaufen und stundenweise darauf laufen üben, wenn sie unbeobachtet ist, so lange, bis sie genügend Sicherheit hat. Erst im zweiten Schritt geht sie mit den Schuhen unter Freunde und erst ganz am Schluss auf eine große Party. Der Vorteil dieser Variante ist, dass sie Stück für Stück mehr Sicherheit erlangt, ohne ein zu großes Risiko zu versagen aufzubauen. Selbst wenn sie einmal stolpert, sagt sie sich: »Es macht nichts!«, und zieht die Schuhe nach einer kurzen Pause wieder an. Sie kommt vorwärts, und zwar stetig und ohne große Rückschläge. Daher hält sie ununterbrochen an ihrem Ziel fest und erreicht es auch meist. Der Nachteil liegt darin, dass der finale Schritt in die Öffentlichkeit immer weiter aufgeschoben wird und sich als große Hürde entpuppen kann, an der diese Frauen noch kurz vor dem Ziel scheitern können. Wie viele Frauen haben Sie schon gesehen, die extravagante Kleidung oder Schuhe nur zu Hause oder im engsten Freundeskreis tragen? Wie viele Frauen hatte ich schon im Coaching, die eine tolle Zusatzausbildung absolviert haben, sich Qualifikationen über Qualifikationen angeeignet haben und diese nie zum Einsatz gebracht haben! Irgendwann einmal ist eine solche Zusatzqualifikation eventuell nicht mehr relevant, genauso wie manche Schuhe eben nicht zeitlos sind. Und dann besteht die Gefahr, alles über Bord zu werfen, die Schuhe wegzuwerfen.

Und noch eine Anmerkung am Rande: Dieses »sich überqualifizieren« ist eine typisch weibliche Eigenschaft, da wir Frauen oft glauben, noch nicht gut genug zu sein. Auf viele Stellenanzeigen würden wir es nicht wagen, uns zu bewerben, weil wir z. B. nicht, wie gefordert, über gute Englischkenntnisse verfügen. Männer sehen das viel lockerer, können oft weniger Englisch als eine Frau, aber bewerben sich dennoch. Da haben wir etwas zu lernen.

Ein erfolgreiches Beispiel aus meinem Coaching für den Typ B ist Sophia. Sophia ist Mutter zweier Kinder und Wirtschaftsprüferin. Sie kam zu mir ins Coaching mit dem Gedanken, etwas ganz Neues machen zu wollen. Ihr Kind war ein ADHS-Kind, also ein Kind mit einer Aufmerksamkeitsstörung, und sie hat sich viel mit dem Thema Coaching für ADHS-Kinder befasst. In die Wirtschaftsprüfung zurück wollte sie definitiv nicht mehr. Aber dieses Thema ADHS-Coaching war so anders, so neu und in Deutschland überhaupt noch nicht verbreitet. Klar träumte sie davon, einmal zu Deutschlands ersten ADHS-Coaches zu gehören, aber das Ziel schien ihr beinahe unerreichbar. Wir brachen es also in überschaubare Etappenziele auf. Zunächst musste sie eine Coaching-Grundausbildung absolvieren. Sie schrieb sich sofort (binnen 72 Stunden) für einen Online-Kurs ein, den sie mit Erfolg absolvierte. Solange sie mit diesem Basis-Kurs beschäftigt war, verbannte sie den Gedanken des ADHS-Coachings aus ihrem Kopf. Dieser Gedanke hätte sie nur entmutigt, denn der Weg dahin war noch weit. Sie konzentrierte sich voll und ganz auf diesen Kurs. Ihn zu bestehen, das war ihr Etappenziel, das war ihr erstes Paar Schuhe. Und es gelang ihr, auf diesen Schuhen zu laufen. Sie bestand den Kurs mit Bravour.

Jetzt musste sie als nächstes Praxisstunden nachweisen, ein weiteres Ziel, vor dem sie regelrecht Angst hatte. Sie hatte Zweifel, sagte, dass sie zwar die Prüfung bestanden habe, sich aber so fühle wie eine Fahranfängerin. Sie könne doch niemals Geld für ihre Leistung verlangen. Ob diese Zweifel berechtigt waren, sei dahingestellt. Ich habe schon Leute gesehen, die für ganz andere Dinge Geld verlangen. Also baute sie sich wieder ein überschaubares Etappenziel: Sie coachte erst einmal in ihrer Familie und unter Freunden, und das kostenlos. Als Coach weiß ich, wie schwierig es ist, innerhalb der Familie und unter Freunden zu coachen. Bei Fremden greift das Coaching oft viel eher, da man unvoreingenommener und unbefangener miteinander umgeht. Aber Sophia verfolgte diese Idee und war auch damit erfolgreich. Im nächsten Schritt profitierte sie von den Empfehlungen der gecoachten Freunde und Familienmitglieder und begann Geld für ihre Leistung zu verlangen. Ihre Praxisstunden hat sie nun absolviert und letzte Woche hat sie sich zum großen Endziel (dem ADHS-Coaching-Lehrgang) angemeldet. Stück für Stück hat sie die Absatzhöhe erhöht, hat ein neues Modell erst dann aus dem Schrank geholt, als sie auf dem alten laufen konnte.

Genauso gut hätte es sein können, dass sie das große Endziel gar nicht mehr angeht, weil sie mit den Coachings auch so schon sehr zufrieden ist. Dann wäre das finale Modell im Schrank stehen geblieben. Aber es wäre nicht stehen geblieben, weil sie Angst davor gehabt hätte, sondern weil sie die anderen Modelle einfach besser fand. Und das ist ein großer Unterschied. Es gibt immer einen Plan B, denken Sie an mein eigenes Beispiel aus der Einleitung. Sie hätte genauso gut von Anfang an Geld fürs Coaching nehmen können, dann hätte sie ein Modell übersprungen. Ab und zu wirft man vielleicht wirklich ein Paar Schuhe ungetragen weg, aber auch nur weil man das nächsthöhere Paar noch schöner findet, nicht weil man das weggeworfene Paar schon zu hoch findet. Sollten Sie also im Laufe des Weges einen solchen Euphorieschub bekommen, dann dürfen Sie gerne ein Ziel überspringen. Aber behalten Sie das übersprungene Paar noch eine Weile, damit Sie notfalls doch noch reinschlüpfen können, falls der Sprung zu groß war. Zu groß ist die Gefahr, das Projekt »Stöckelschuh« sonst ganz über Bord zu werfen.

Sophia beginnt ihre Ausbildung zum Coach nicht mit flachen Schuhen, wie z. B. einem kostengünstigen Basislehrgang für

Einsteiger, sie meldet sich schon gleich bei einem sehr renommierten Institut zu einem nicht gerade günstigen Kurs an. Sie wählt die Variante des Online-Kurses, d.h., sie bleibt weitestgehend anonym. Selbst wenn sie etwas falsch macht, wenn sie strauchelt, gibt es niemanden, der sie direkt sieht und lachen kann (was übrigens ohnehin nie jemand tut), und es gibt niemanden, der sie kennt, der freudig triumphieren kann und sagen kann: »Siehst du, habe ich doch gesagt, der Schuh ist zu hoch für dich …« Erst in Schritt 2 geht Sophia unter Leute. Mit ihren frisch erworbenen Kenntnissen bewegt sie sich im Kreise ihrer Familie und Freunde. Und jetzt steht sie kurz vor ihrem finalen Ziel.

Muster C:

Sie stecken sich überschaubare, erreichbare Etappenziele und stocken diese Schritt für Schritt auf. Dies gibt Sicherheit und führt zu einer langsamen, kontinuierlichen Entwicklung.

Muster C: **Langsam steigende Absatzhöhe in Form von überschaubaren Etappenzielen**

Die Frau, die nach diesem Muster lebt, baut an ihrem großen Endziel Stück für Stück, aber nachhaltig. Sie kauft nicht das eine hohe Paar Schuhe, sondern z. B. in jedem Jahr ein Paar mit einem Zentimeter mehr Absatz. Mit diesem jeweiligen Paar läuft sie immer und immer wieder in der Öffentlichkeit herum, bis sie sich absolut sicher fühlt für die nächste Höhe. Das sofortige Rausgehen in die Öffentlichkeit unterscheidet diese Frau übrigens von der Frau des Typs B, die erst einmal im stillen Kämmerlein laufen übt. Auf unser Zielthema übertragen bedeutet dies, dass sie sich kleine Etappenziele steckt, die sie für absolut erreichbar hält. Vielleicht arbeitet sie nicht von morgens bis abends daran, aber jeden Tag kommt sie ihrem großen Ziel ein Stück näher. Wenn sie ein Etappenziel erreicht hat, wie z. B. die Anmeldung zu einer Fortbildung, arbeitet sie am nächsten Ziel, das heißen könnte: Der Einkauf der notwendigen Materialien für die Fortbildung. Dann am nächsten, z. B. Zwischenprüfung etc., Stück für Stück nähert sie sich dem großen Ziel.

Sie werden jetzt denken: Das tun die anderen doch im Grunde genommen auch, dass sie an all diesen Etappenzielen vorbeikommen. Richtig! Aber sie machen sich diese nicht als Meilensteine für ihren Erfolg bewusst. Die Frau vom Typ A läuft Marathon, es ist selbstverständlich für sie, dass sie 20 Kilometer ohne Probleme schafft, sie beginnt erst ab 30 Kilometer, sich über die zurückgelegte Strecke zu freuen, und dann auch weniger über die Strecke als über die Zeit, in der sie diese Strecke zurücklegt. Die Frau vom Typ C freut sich bereits über die ersten fünf Kilometer und zieht daraus die Motivation für die nächsten fünf Kilometer. Vielleicht schafft sie nicht gleich die vollen 40 Kilometer, aber da sie sich über die kleinen Etappen freuen kann, ist sie zufrieden. Und diese Zufriedenheit gibt ihr Rückenwind zum Weitermachen. Hierin liegt der Vorteil dieser Methode: Es geht in kleinen kontinuierlichen Schritten aufs große Ziel zu. Selbst wenn mal ein Tag nicht so gut läuft, probiert man es am nächsten Tag wieder, geht notfalls vielleicht auf die nächstkleinere Absatzhöhe zurück und probiert diese auf Kopfsteinpflaster, d.h. eben auch unter widrigen Bedingungen. Besonders geeignet ist diese Methode für Ziele, die ich durch langsamere Steigerung meines Einsatzes erreichen kann. Der Nachteil ist der hohe Zeitaufwand und der lange Atem, den Sie brauchen. Wenn Sie zwischendurch ungeduldig werden, fünf Modelle überspringen und dann straucheln, ist die Methode kontraproduktiv, denn dann laufen Sie Gefahr, Ihr Ziel komplett über Bord zu werfen. In diesem Fall dauert es Ihnen einfach zu lange. Sie müssen also ein Freund der langsamen, kontinuierlichen Entwicklung sein und die Sicherheit genießen.

Ein Beispiel dafür ist Heike. Die Mutter von zweijährigen Zwillingen hat sich zum Ziel gesetzt, ihre Promotion zum Abschluss zu bringen. Sie reserviert zunächst einmal pro Woche einen Vormittag, um an der Doktorarbeit weiterzuarbeiten. Als sie nach sechs Wochen sieht, dass sie dieses Zeitfenster immer einhalten kann, nimmt sie einen weiteren Vormittag dazu, bis sie am Ende drei Vormittage und einen Abend für ihr großes Projekt ohne Kompromisse reserviert hat. Wenn mal ein Kind krank wird oder ihr Mann abends nicht da ist, nimmt sie sich konsequent einen Babysitter, um ihren Zeitplan einzuhalten. Als ihr Mann einmal für zwei Wochen unterwegs ist, streicht sie für diese zwei Wochen den Abendtermin, den er sonst abgedeckt hat. Sie geht also vorübergehend auf die nächstkleinere Absatzhöhe zurück, nämlich die drei Vormittage, und nimmt die Abende bei seiner Rückkehr wieder auf. Heike hat ihre Promotion erfolgreich zum Abschluss gebracht. Gefährlich wäre es geworden, wenn sie mittendrin ruckartig auf drei Vormittage und einen Abend aufgestockt hätte. Wäre in dieser Woche, analog zu Susanne aus dem vorherigen Kapitel, ein Kind krank geworden und ihr Mann wäre gleichzeitig auf Geschäftsreisen gewesen, dann hätte sie eventuell das ganze Projekt gekippt. Aber durch das stückweise Aufbauen hat sie bereits einen kontinuierlichen, wenn auch nicht schnellen Fortschritt gehabt und wusste, dass ihr Ziel bzw. die finale Absatzhöhe erreichbar ist.

Nehmen Sie sich jetzt ein paar Minuten und reflektieren Sie über Ihre Vergangenheit. Wo haben Sie Dinge zu Ihrer

Zufriedenheit erreicht? Wo haben Sie Dinge nicht erreicht? Können Sie sich einem der drei Typen zuordnen? Können Sie Ihr Erfolgsmodell definieren? Oft ist dies situativ recht verschieden. Es gibt Bereiche, da nehmen wir gleich das höchste Modell und laufen darauf, als wären wir damit geboren worden, in anderen Bereichen sind wir zurückhaltender. Lassen Sie Ihre Erkenntnisse über diese Bereiche in Ihre Überlegungen mit einfließen. Genießen Sie das Grübeln über vergangene Erfolge. Das fühlt sich so toll an, dass es vielleicht ein schöner Ausklang für den heutigen Tag ist.

Überlegen Sie nun, welches der drei Erfolgsmodelle Sie bisher befolgt haben! Das Modell kann je nach Kontext verschieden sein.

Lesen Sie hier drei Beispiele von Frauen, die den drei Mustern weitestgehend entsprechen, und schauen Sie, wie diese Frauen ihren Weg zum Ziel umgesetzt haben.

In Bezug auf das Ziel »Mehr Zeit für mich selbst« hat Kathrin, die Sie ja schon aus dem Kapitel über die Glaubenssätze kennen, die Zielplanung des Typs A verfolgt, und zwar über eine für ihre Familie recht radikale Intervention.

Kathrin, 45 Jahre, Geschäftsführerin einer PR-Agentur, zwei Söhne (18 und 19 Jahre)

Ich habe mich seit Jahren gesehnt, endlich auch einmal abends gleich nach dem Büro Freundinnen zu treffen und nicht immer heimzurasen, einzukaufen, zu kochen, aufzuräumen etc. Immer war ich diejenige, die nichts spontan machen konnte, sondern immer vorher alles organisieren musste.

Die Schwierigkeit war, den richtigen Zeitpunkt für die Umstellung zu finden. Brauchen Teenager die Mutter jeden Abend, wenn sie zu Hause sind? Muss wirklich die Mutter immer einkaufen, obwohl der Junior ab Mittag zu Hause ist und das spielend erledigen könnte?

Ich habe dann mein Anliegen im Familienkreis diskutiert. Wir nennen solche Besprechungen »Familienrat«. Wer ihn einberuft, hat ein wichtiges Thema, das besprochen werden muss. Anfangs dachten unsere kleinen Kinder, es gehe darum, gemeinsam Rad zu fahren, aber mit der Zeit wurde das eine gute Institution. Auch die Kinder können einen Familienrat einfordern, wenn sie ein Anliegen haben.

Jedenfalls machte ich klar, dass ich nicht der Einkaufsmanager bin und dass es auch nicht sein kann, dass ich nur dann private Termine ausmachen kann, wenn alle anderen ohnehin nicht zu Hause sind.

Es herrschte großes Erstaunen, weil meine Söhne meine Rücksichtnahme beim Planen meiner Termine nicht einmal bemerkt hatten. Alle waren sich einig, dass ich genauso wie alle anderen planen kann und soll. Also nahm ich mir gleich von Anfang an mindestens einmal pro Woche das Recht heraus, abends nicht sofort nach Hause zu kommen. Dies war klar kommuniziert.

Trotzdem herrschte in der Praxis dann Überraschung, weil wir des Öfteren ohne Milch, Brot etc. dastanden. Aber ich fühlte mich nicht mehr verantwortlich dafür, zumindest nicht mehr als jedes andere Familienmitglied. Als der Leidensdruck stieg, begannen alle, sich zu überlegen, wie wir gemeinsam die Logistik sicherstellen können, ohne dass einer immer den schwarzen Peter zieht. Ich habe mein Ziel nach anfänglichen Überlegungen sofort verfolgt

und mir relativ schnell neue Felder dazu definiert, die mich meinem Endziel »Mehr Spontaneität, mehr Zeit für mich« näher brachten, wie z. B. »Fahrdienste« für die Kinder abzuschaffen oder zu delegieren, andere hausfräuliche Aufgaben, wie Wäsche waschen, aufräumen, einfach nicht mehr zu machen, sondern innerhalb der Familie zu verteilen. Dieser etwas radikale Schritt war gut und wichtig, damit er in der Familie einen Effekt zeigt. Hätte ich es schrittweise gemacht, hätte die Familie eine viel größere Tendenz gehabt, die Sache erst einmal auszusitzen.

Kathrins Weg war sicher sehr mutig, denn sie musste ihre eigene Zielumsetzung auch »aushalten«. Auch ihr kam der Gedanke, ob dieser Schritt nicht zu hart und zu plötzlich sein könnte, ob die Familie vielleicht denkt, sie sei ihrer Mutter plötzlich egal. Lange hat Kathrin darüber nachgedacht, wann der richtige Zeitpunkt für die Intervention ist. Sie hat sich den hohen Stöckelschuh bewusst angezogen und ist einfach losgelaufen – und trotz gelegentlichen Strauchelns (in Form von Maulen der Kinder über die neuen Aufgaben, einem leeren Kühlschrank) ist sie weitergelaufen. Ein anderer Typ Frau hätte diesen Druck nicht ausgehalten und wäre mit Etappenzielen vom Typ B oder C besser gefahren. Ilona aus dem vorherigen Kapitel ist beispielsweise ein Typ B in Bezug auf ihr Ziel »Lehrerin sein«. Lesen Sie selbst.

Die neuen Stöckelschuhe müssen Sie manchmal auch »aushalten« können.

Ilona, 52 Jahre, heute selbständige Trainerin, drei Töchter (23, 27 und 30 Jahre), eine Enkeltochter (drei Jahre)

Bezogen auf mein großes Endziel, nämlich zu unterrichten, haben einige meiner anderen Ziele quasi als Etappenziel fungiert. Dabei habe ich mich immer in einem sicheren Umfeld bewegt. Die Sportkurse habe ich zunächst im heimischen Sportverein gegeben, so habe ich überhaupt erst einmal den Mut gewonnen, mich vor eine Gruppe zu stellen, auch wenn es »nur« Kinder waren. Der Vertriebsjob in der Spedition hat mir dann gezeigt, dass ich auch Erwachsene überzeugen kann – und auch in Feldern, die mir weniger vertraut sind als der Sport. So habe ich meine Fähigkeiten in sicheren Umfeldern erprobt, bevor ich mich mit mehr Sicherheit an meine finale Zielgruppe heranbegeben habe. Für mich war auch nicht bei allem, was ich mache, sofort klar, dass es meinem Endziel, nämlich zu unterrichten, dient. Das hat sich manchmal auch im Nachhinein ergeben, ich muss da wohl eine gewisse Intuition gehabt haben, dass dies der richtige Weg ist.

Vertrauen Sie bei Ihrer Etappenzielplanung auch ruhig auf Ihre Intuition, Ihre innere Stimme!

Genau diese Intuition, von der Ilona spricht, sollten Sie bei aller Strategie und Zielplanung nicht vergessen. Oft sind die intuitiven Gedanken und Wege, die uns in den Kopf kommen, nicht falsch. Bauen Sie diese bei Ihrer Etappenzielplanung ruhig mit ein und verwerfen Sie diese Gedanken nicht gleich. Es gibt fast immer einen Weg, sie in der Zielplanung zu verankern und sie dem finalen Endziel dienlich zu machen, und wenn es nur – wie in Ilonas Fall – hilft, mehr Sicherheit in den eigenen Fähigkeiten zu erlangen. Unsere Intuition gibt uns eine gewisse Sicherheit, auf dem richtigen Weg zu sein, und daher sollten wir sie zu Wort kommen lassen.

Ein klassisches Beispiel für den Typ C, die langsam steigende Absatzhöhe, ist Clara.

Clara, 39 Jahre, Produktmanagerin in Teilzeit, drei Kinder (zehn, sechs und vier Jahre), davon eines mit einer schweren Behinderung

Als die Kinder noch sehr klein waren, habe ich meine Bedürfnisse nicht nur hinter die Bedürfnisse der Kinder gestellt, sondern auch hinter die Bedürfnisse meines Mannes. Er war auf dem Karriere-Weg nach oben und aus irgendeinem Grund habe ich mir auf die Fahne geschrieben, ihm den Rücken freizuhalten und ihm das Leben zu Hause so angenehm wie möglich zu machen. Selbst als er zu den drei Kindern unbedingt noch einen Hund wollte, sagte ich nicht Nein, obwohl mir damals schon hätte klar sein müssen, dass dabei viel an mir hängen bleibt. Immer wenn er am Wochenende gearbeitet hat, war es für mich selbstverständlich, zu Hause alles unter Kontrolle zu haben, ohne fremde Hilfe. Für unsere Ehe wurde diese Situation zunehmend belastender, denn mein Frust über diese Situation richtete sich gegen meinen Mann, der ja an meiner Misere vermeintlich schuld war. Hinzu kam massiver Druck von meinen Eltern und Schwiegereltern, mich mehr um mein behindertes Kind kümmern zu müssen, das in einer entsprechenden Einrichtung lebt.

Durch viele Gespräche mit guten Freunden wurde ich mir meiner eigenen Ziele bewusst, und davon war eines, dass ich die Rolle als »Glücklichmacher« der Familie (inklusive Eltern und Schwiegereltern) und als »Rückenfreihalter« ablegen wollte und stattdessen zu »Mich-selbst-glücklich-Machen« kommen wollte. Dies definierte ich vor allem in drei Bereichen: Mehr Zeit für mich zur Erholung, einen Wiedereinstieg in meinen alten Job als Produktmanagerin und mehr Loslösung und Gelassenheit gegenüber den Forderungen der Eltern und Schwiegereltern. Dies waren viele Ziele gleichzeitig und auch schwierige, denn schließlich hatte ich die Situation ja auch so »einreißen« lassen. Ich machte mich also Stück für Stück auf den Weg. Zunächst arbeitete ich an einem »Gassigeh-Plan« für unseren Hund. Er kam als Letztes in die Familie und so schien mir hier der einfachste Ansatzpunkt zur Rückabwicklung der Gewohnheiten. Ich machte mit meinem Mann aus, dass er an drei Tagen pro Woche die Morgenrunde übernimmt. Nachdem dies einige Monate geklappt hat, dehnten wir diese Vereinbarung auf sieben Tage pro Woche aus. Außerdem engagierte ich im nächsten Schritt einen Hundesitter, der Stück für Stück die Mittagsrunde übernahm. So konnte ich wieder an meinem nächsten Ziel arbeiten, nämlich wieder einen Job zu suchen. Um überhaupt wieder in das Marketing-Thema reinzukommen, suchte ich mir einen Job auf Projektbasis in einer kleineren Agentur. Ich wollte mich noch nicht dauerhaft auf feste Arbeitszeiten einlassen und schon gar nicht auf eine Firma, dafür war ich zu lange draußen. Als ich merkte, dass ich den Job gut hinbekomme, bewarb ich mich für eine Festanstellung in Teilzeit, zunächst als Junior Produktmanager, was für mich sicher ein Rückschritt war, aber ich war mir sicher, dass ich es hinbekommen werde. Schritt für Schritt baute ich mir dann meinen Verantwortungsbereich aus und wurde schließlich sogar befördert. Und gegenüber meinen Eltern und Schwiegereltern brachte ich mir bei, einzelne Diskussionen einfach abzuwürgen, wenn ich sie nicht zielführend fand. Dies begann zunächst in einfachen Dingen wie die Einrichtung der Küche, wo ich konsequent sagte, dass dies meine Entscheidung sei, und sie bat, diese zu respektieren. Mittlerweile hat sich dieses Nein-Sagen und die Bitte, sich aus meinem Leben herauszuhalten auch auf die fundamentale Frage unseres behinderten Sohnes erstreckt. Sie akzeptieren mittlerweile, dass es für die Einmischung Grenzen gibt und ich nicht an Vorschlägen zur Termingestaltung in der Einrichtung interessiert bin. Dieser Schritt war sicher der härteste, weil es der emotionalste war, aber Stück für Stück habe ich ihn mir konsequent eingefordert. Immer mal wieder wäre ich fast in alte Muster zurückgekippt, dann habe ich mich vielleicht auf die eine oder andere Diskussion doch noch eingelassen, aber dafür habe ich mir dann an anderer Stelle explizit die Diskussion verbeten. Und es hat funktioniert.

Das Beispiel von Clara zeigt, wie man Schritt für Schritt die Absatzhöhe steigern kann. Ganz systematisch hat sie sich ein Stöckelschuh-Modell nach dem nächsten herausgesucht und hat sukzessive darauf laufen gelernt. Wenn sie gefallen ist, hat sie mal für ein paar Stunden das nächstflachere Modell wieder hervorgekramt (wie beim Konflikt mit ihren Eltern), aber gleich wieder die Absatzhöhe aufgestockt (indem sie den

Eltern an anderer Stelle zu verstehen gegeben hat, dass sie sich in manche Dinge nicht einmischen sollen). Clara ist der Typ, der diese kontinuierliche Steigerung braucht, sonst hätte sie sicher alle Ziele früher oder später über Bord geworfen.

Bauen Sie bei Ihrer Etappenzielplanung auf Ihre neuen Glaubenssätze! Wenn Sie glauben, dass ein Weg steinig sein muss und alles perfekt sein muss, werden Sie straucheln!

Wie können Sie jetzt aber überhaupt den Weg zu Ihren Zielen oder Ihrem einen Ziel gestalten? Wie können Sie Etappenziele finden? Wie können Sie die einzelnen Schritte auf dem Weg zum Ziel, auf dem Weg zum Laufenlernen festlegen? Erinnern Sie sich an Ihre alten Glaubenssätze aus Schritt 2. Oft sind wir durch unser Weltbild oder unsere Glaubenssätze auf eine sehr begrenzte Zahl von Wegen oder Etappenzielen limitiert. Sind wir z. B. mit dem Glaubenssatz »Von nichts kommt nichts!« groß geworden, so werden wir tendenziell den Weg zu unseren Zielen als einen sehr beschwerlichen Weg festlegen, vielleicht setzen wir uns große Aufgaben, um unser Ziel zu erreichen, weil wir glauben, dass sie groß sein müssen, damit überhaupt etwas dabei herauskommt. Sie könnten in diesem Fall allerdings Gefahr laufen, viel Energie zu investieren, ohne dabei auch viele Resultate zu sehen, was langfristig dazu führen kann, das Ziel aufzugeben. Oder auf unsere Stöckelschuhe übertragen: Sie könnten sich nicht nur hohe, sondern auch noch unbequeme Schuhe anziehen, die Druckstellen hinterlassen, dabei wäre das gar nicht nötig gewesen. Ihr übertragenes Motto wäre in diesem Fall gewesen: »Wer schön sein will, muss leiden!« Muss es aber gar nicht. Beherzigen Sie also Ihre neuen Glaubenssätze, sodass die Etappenzielplanung an Leichtigkeit und Spaß gewinnt. Die neuen Schuhe sollen Spaß machen und nicht wehtun!

Oder Sie sind eine geborene Perfektionistin, dann werden Sie akribisch jeden einzelnen Schritt bis ins Kleinste festlegen und peinlich genau nachhalten, ob er denn auch vollständig abgeschlossen ist, bevor Sie sich dem nächsten widmen. Sie werden die Zwischenziele so konkret und genau formulieren, dass Sie sich eventuell keinen Spielraum mehr lassen. So könnten jedoch gute Möglichkeiten auf der Strecke bleiben. Auf die Schuhe übertragen bedeutet dies: Sie wählen einen exakt definierten Zeitplan, welches Schuhmodell Sie wann tragen wollen. Wenn dann bei einem Modell die Riemchen drücken, tragen Sie sie trotzdem bis zum Ende der festgelegten Tragezeit weiter und haben eine schöne Druckstelle. Dann ist das Absatzprojekt auch schnell gekippt – dabei wollten Sie doch nur hohe Schuhe, vielleicht noch nicht einmal Riemchen, das wäre zwar noch toller, aber nicht unbedingt nötig.

Man könnte die Liste dieser Beispiele endlos fortsetzen. Die Erkenntnis ist immer die gleiche. Verlassen Sie sich beim Festlegen Ihrer Schritte und Etappenziele nicht nur auf sich selbst. Sie haben sich zwar von Ihren ausgedienten Glaubenssätzen verabschiedet, aber Ihre Verhaltensmuster werden zum Teil noch eine Weile brauchen, um sich anzupassen. Holen Sie sich daher Freunde oder Bekannte dazu, die vor allem ein wenig anders gestrickt sind als Sie selbst. In meinen Gruppen-Coachings lag hier für die einzelnen Frauen ein wesentlicher Baustein zum Erfolg. Die Teilnehmerinnen haben sich gegenseitig mit Ideen gefüttert, wie sie ihrem Traum näher kommen können, und der Satz »Daran habe ich ja noch gar nicht gedacht!« wurde zum häufigsten und gerne gehörten Zitat.

Holen Sie bei Ihrer Etappenzielplanung auch die Meinung von Freunden und Bekannten ein oder buchen Sie ein Coaching.

Eine hervorragende Methode zur Ermittlung der richtigen Schritte oder Etappenziele ist die Erstellung der aus Schritt

3 bekannten Mindmaps, mit denen ich bereits in vielen Coachings und Seminaren erfolgreich gearbeitet habe. Sie helfen, am Anfang den Blick zu öffnen für die vielen verschiedenen Möglichkeiten, die es gibt, und trotzdem am Ende ins Handeln zu kommen.

Nehmen Sie sich analog zu der Übung zum Positiv-Denken aus Schritt 3 ein großes weißes Blatt (mindestens DIN-A3-Format) und schreiben Sie Ihr Endziel in die Mitte. Dies kann z. B. lauten: »Mit einer selbständigen Tätigkeit mindestens 1.000 € pro Monat verdienen« oder »Eine Führungsposition in Teilzeit bis zum Ende des Quartals innehaben« oder »Eine Fortbildung erfolgreich abgeschlossen haben«. Seien Sie bei der Formulierung Ihrer Ziele so konkret wie möglich, damit Sie wirklich ein leuchtendes Zielbild vor Augen haben. Nehmen Sie sich vor allem mit einem Zeitlimit in die Pflicht, d.h., bis wann Sie das Ziel erreicht haben wollen. Am besten übertragen Sie pro Blatt ein Ziel aus Ihrer Liste (siehe Schritt 3).

Ermitteln Sie Ihre Etappenziele mithilfe von Mindmaps! Schreiben Sie in die Mitte ein Ziel und auf die Äste sämtliche Möglichkeiten von Etappenzielen, um dieses Ziel zu erreichen!

Nun malen Sie an das Ziel einen Ast, an diesen Ast schreiben Sie ein mögliches Etappenziel bzw. einen möglichen Schritt, um dieses Ziel zu erreichen. Malen Sie einen weiteren Ast an das Ziel, notieren Sie ein weiteres Etappenziel daran. Diese Etappenziele müssen überhaupt nicht zusammenpassen, sie dürfen sich sogar widersprechen. Jeder neue Ast, den Sie malen, kann ein anderes Etappenziel oder einen anderen Schritt beinhalten. So könnte für das Ziel »Mit einer selbständigen Tätigkeit mindestens 1.000 € pro Monat verdienen« ein Ast lauten: »Vertriebspartner im Network-Marketing«. Ein anderer Ast kann lauten: »Eröffnen einer Secondhand-Boutique«, ein dritter könnte lauten: »Unternehmensberatung gründen«

etc. Lassen Sie genügend Platz, damit Freunde und Bekannte weitere Äste ergänzen können. Verzweigen Sie nun jeden Ast weiter in noch kleinere Schritte bzw. Ziele, z. B. »Passendes Network-Marketing-Unternehmen gefunden« oder »AGBs gelesen« etc. Formulieren Sie vor allem Teilziele, Etappenziele oder Schritte – wie zuvor schon bei Ihren Zielen – als abgeschlossene Zeitpunkte, d.h., dass keine Verlaufsformen darin vorkommen dürfen, die keinen festen Endzeitpunkt haben, wie z. B. »suchen«. Ich kann ein bisschen suchen, viel suchen, aber wann der Prozess abgeschlossen ist, entscheide ich. Verwenden Sie stattdessen idealerweise das Partizip II, wie z. B. »gefunden«.

Formulieren Sie Ihre Etappenziele auch ergebnisorientiert, d.h., verwenden Sie das Partizip II (z.B. »gefunden« statt »suchen«).

Dies ist nicht nur ein bewährtes Mittel, um sich klar in die Pflicht zu nehmen, sondern auch um die einzelnen Etappen vor Ihrem geistigen Auge real werden zu lassen, und ein guter Trick gegen »Aufschieberitis«. Wenn Sie nämlich »Unternehmen suchen« als Etappenziel definieren, können Sie sich jederzeit sagen: Ich habe doch schon ein bisschen gesucht. Diese Suche kann aber recht ergebnislos gewesen sein. Schreiben Sie also statt »Ich mache eine Fortbildung« besser: »Ich habe die Fortbildung am Ende des Jahres abgeschlossen.« So haben Sie viel klarer das Endziel als Bild, als Ergebnis vor Augen und nicht den Weg dahin. Es ist einfacher und motivierender, sich vorzustellen, auf hohen Absätzen toll zu laufen, statt auf hohen Absätzen laufen zu lernen. Schließlich ist jeder Weg zum Ziel unweigerlich irgendwann einmal beschwerlich, zumindest vorübergehend. Außerdem können Sie sich so bei der Zielkontrolle nicht selbst betrügen. Entweder haben Sie etwas erreicht, oder nicht. Haben Sie es nicht erreicht, können Sie konkret gegensteuern.

Die äußeren Äste verzweigen Sie dann wieder weiter, bis Sie kleinste greifbare Schritte/Etappenziele haben.

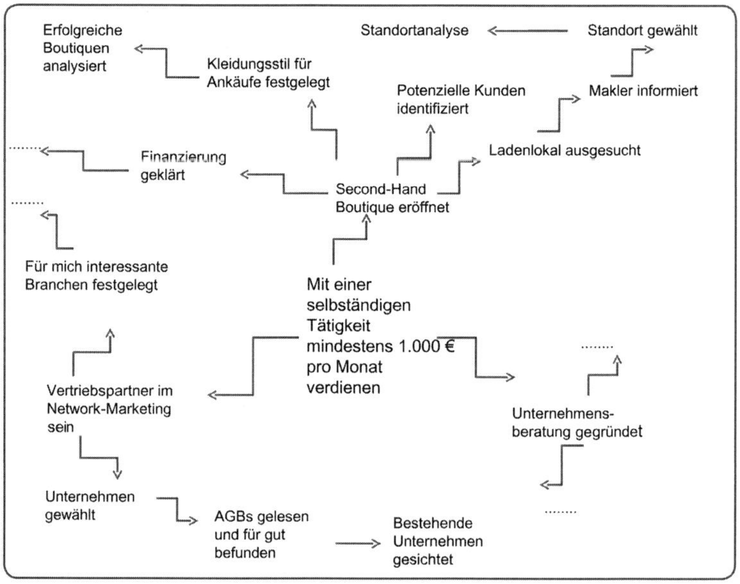

Beispiel für eine Etappenziel-Mindmap

Wenn Sie diese Übung mit Freunden, Bekannten oder in einem Gruppen-Coaching machen, ist es wichtig, dass während des Brainstormings nicht kommentiert wird. Lassen Sie allen Ideen zunächst eine Chance.

In meinen Coaching-Gruppen haben die anderen Gruppenteilnehmer auf allen Ebenen fröhlich Äste ergänzt, jeder in einer anderen Farbe. Wichtig ist, dass jeder dies für sich tut und nicht kommentiert wird, was jemand an die Äste schreibt. Sonst werden viele Ideen schon im Keim erstickt. Es ist nämlich gut möglich, dass an einem der äußeren Verzweigungen der Mindmap ein interessanter Punkt steht, der auch zu einem anderen Ast passen würde, der aber nie dort gestanden hätte, wenn man den Hauptast davor »abgesägt« hätte.

Machen Sie sich einen netten Vormittag oder Nachmittag mit Freunden und Bekannten, die Ihnen wohlgesonnen sind und für diese Übung geeignet erscheinen. Sie können Ihre Mindmaps auch gegenseitig ergänzen, so lange, bis Ihnen nichts mehr einfällt. Notfalls kleben Sie links und rechts noch Blätter dran. Es geht nicht um formvollendete Schönheit. Es geht darum, kein einziges Schuhmodell zu übersehen, das gut zu Ihnen gepasst hätte, und vor allem kein Detail zu übersehen, das Ihren Schuh einzigartig gemacht hätte. Und dazu sind Freunde und Bekannte sehr hilfreich.

Wählen Sie Ihre Helfer sorgfältig aus. Es müssen Menschen sein, die Ihnen wohlgesonnen sind und Sie bei Ihrer Zielplanung motivieren. Vorsicht vor Bremsern!

Es empfiehlt sich aber, die Zusammenstellung der Gruppe sorgfältig vorzunehmen. Es gibt nämlich auch die vermeintlich guten Ratschläge, die sich im Nachhinein eher als »Schläge« und nicht als Rat entpuppen. Überlegen Sie sich, ob die Person, von der der Ratschlag kommt, Ihnen wohlgesonnen ist und keine eigenen Interessen verfolgt. Ich will hier nicht die Pferde scheu machen, aber gute Freundinnen oder der Ehemann sind – wie bereits erwähnt - beispielsweise nicht immer ohne eigene Interessen unterwegs. Sie meinen das noch nicht einmal böse oder verfolgen eine Absicht dahinter. Aber sie sind nun einmal eben parteiisch und im Zweifelsfall von allem, was Sie tun, selbst betroffen. Das kann im Einzelfall heißen, dass deren Rat oder Idee nicht ideal für Sie ist. Aber seien Sie deshalb nicht misstrauisch, sondern einfach nur ein wenig vorsichtig bei der Zusammensetzung der Gruppe und der Bewertung der Ratschläge. Auch andere Mütter sind stellenweise mit etwas Vorsicht zu genießen. Leider gibt es unter ihnen häufig Neider. Da alle im selben Boot sitzen, werden Sie vielleicht erleben, dass eine andere Mutter und gute Freundin sämtliche Ideen durchkreuzen und Bedenken anmelden möchte. Oft passiert dies bei Frauen, die in ihrem Denken selbst noch nicht so weit sind wie Sie, die aber aus ihrer jetzigen Situation ausbrechen möchten, die auch gerne auf Stöckelschuhen laufen möchten, die aber noch fest mit ihren Hemmschuhen verwachsen sind. Seien Sie auf der Hut, dass diese Ihre Ideen nicht »killen«.

Suchen Sie sich eine Gruppe, die am Entwickeln von Lösungen Spaß hat, die anders denkt als Sie, und nehmen Sie ein paar Männer mit dazu, das ist einfach gesünder fürs Klima und für das Spektrum der Ideen. Und betrachten Sie die Übung als Spaß. Haben Sie Spaß daran, die verrücktesten Ideen (Modellvarianten) zu entwickeln – ohne jegliche Wertung.

Wenn die Mindmap fertiggestellt ist, machen Sie einen Tag Pause. Sie haben viel geleistet. Machen Sie sich mit Ihren Helfern einen netten Abend und feiern Sie ruhig den nächsten Schritt auf dem Weg zu Ihren Zielen. Das regelmäßige Belohnen ist – wie wir später noch sehen werden – ein wichtiger Faktor für Ihren Erfolg, und Sie können gar nicht früh genug damit anfangen. Lassen Sie die Mindmap am nächsten Tag auf sich wirken. So betrachtet, entdeckt die Perfektionistin vielleicht, dass ein Freund einen sehr einfachen, aber plausiblen Etappenschritt aufgeschrieben hat, mit dem sie sich anfreunden kann. Oder die geradlinig Strukturierte entdeckt einen Schritt, der einfach auszuführen ist, auf den sie aber nie selbst gekommen wäre.

Lassen Sie die Mindmap mit Ihren Etappenzielen nach einem Tag Abstand auf sich wirken!

Lesen Sie hier Beispiele von Frauen, die sich beim Erarbeiten ihrer Etappenziele fremde Hilfe hinzugenommen haben. Das erste Beispiel von Kathrin zeigt, wie wichtig es sein kann, Menschen zu finden, die ein wenig Abstand haben, Sie aber trotzdem gut kennen. Diese haben sicher den objektivsten Blick auf Ihre Ziele.

Kathrin, 45 Jahre, Geschäftsführerin einer PR-Agentur, zwei Söhne (18 und 19 Jahre)
Ich habe vor einigen Monaten eine Führungscoaching-Ausbildung gemacht. Mit den Peers treffe ich mich heute noch und wir bearbeiten viele Coaching-Themen. Das Gute daran ist, dass diese Menschen in gewisser Weise Freunde sind, weil sie viel über mich wissen. Andererseits gehören sie aber nicht zum engeren Kreis, was ihnen Abstand beim Coachen ermöglicht. Ich kann jeder Mutter empfehlen, ab und zu Coachings oder Coaching-Gruppen zu besuchen. Es hilft, den eigenen Wert zu erkennen, sich über seine Wünsche klar zu werden und dadurch die eigenen Ziele besser zu sehen und verwirklichen zu können.

Das folgende Zitat von Felizitas zeigt an einem scheinbar banalen Beispiel, dass es sehr gut sein kann, für bestimmte Bereiche der Zielplanung Experten hinzuzuziehen. Dann müssen Sie nicht jedes Etappenziel selbst recherchieren. Es ist im Gegenteil oft zu beobachten, dass manche Mütter aufgrund des Aufwands bei der Recherche aufgeben. Es ist, als würden Sie die perfekten Zwischenmodelle auf dem Weg zum finalen Schuhmodell überall selbst suchen und durch die ganze Republik fahren, von Geschäft zu Geschäft, anstatt einfach mal zu googeln und online zu bestellen. Investieren Sie Ihre Zeit in Ihre Vorhaben, aber sinnvoll.

Felizitas, 45 Jahre, Kindergärtnerin und Sozialarbeiterin in einer Schule für behinderte Kinder, zwei Kinder (17 und 19 Jahre)

Ratschläge von Freunden und Verwandten, gerade beim Formulieren von Etappenzielen, habe ich mir immer gerne angehört und durch den Kopf gehen lassen.

Meine Cousine bekam ihr erstes Kind, drei Wochen bevor meine Tochter zur Welt kam. Da ich wusste, dass sie sich bei allem genau informierte, Vor- und Nachteile gut abwägen konnte, brauchte ich mich nicht mehr zu erkundigen, welcher Buggy oder welcher Autokindersitz der Beste wäre, sondern rief sie an und fragte, welchen Sitz oder Buggy sie habe und wo sie ihn gekauft habe. Das waren garantiert die Besten und Günstigsten. Ich suche mir gerne Experten in bestimmten Bereichen, Menschen, denen ich vertraue, um mir auch einiges an Recherche zu ersparen. Denn eigene Recherche kostet Zeit und baut sich manchmal als riesen Berg vor mir auf, sodass ich Gefahr laufe, mein Ziel aus den Augen zu verlieren.

Oft sind es außenstehende Personen, die Ihnen Wege zum Ziel vorschlagen, auf die Sie selbst nicht gekommen wären. Es lohnt sich, auch Experten hinzuzuziehen.

Dass außenstehende Personen oft Wege zum Ziel einbringen, auf die wir nicht selbst gekommen wären, zeigt das folgende Beispiel von Emma. Gleich in zwei Fällen haben ihr Außenstehende geholfen, einen Weg zu gehen, den sie selbst vielleicht nie gegangen wäre, der ihr aber im Endeffekt sichtlich gutgetan hat.

Emma, 44 Jahre, Motopädin, zwei eigene Kinder (17 und 16 Jahre), ein Dauerpflegekind (elf Jahre)

Eigentlich bin ich ein optimistischer, positiv denkender Mensch. Unsere Pflegetochter hatte jedoch ca. drei Jahre, nachdem sie zu uns kam, das Bedürfnis, in heftigster Weise auszuprobieren, wie sicher sie sich ihres Platzes in unserer Familie sein konnte. Mein Mann und ich sind hier stark an unsere Grenzen gekommen. Ich hatte besonders große Ängste, dass unsere eigenen Kinder unter dieser zusätzlichen Belastung leiden und Schaden nehmen könnten. Ich war am Rande einer Depression, war nicht mehr in der Lage, mich selbst im Gleichgewicht zu halten. Ich hatte das erklärte Ziel, wieder in emotionale Balance zu kommen, mein Leben wieder mehr zu genießen. Dies ist sicher kein besonders greifbares Endziel, und dafür Etappenziele zu finden war noch schwieriger. Hier halfen mir mehrere Ratschläge und Ideen anderer Menschen:

Die Leiterin der Randstundenbetreuung unserer Pflegetochter riet mir zu einer Kur. Zunächst stand ich der Sache jedoch sehr zögerlich gegenüber. Als es mir jedoch wirklich immer schlechter ging, beantragte ich die Kur, leitete alle Untersuchungen in die Wege und als ich die Genehmigung in den Händen hielt, ging es mir eigentlich schon etwas besser. Außerdem nahm ich an einem Vorstellungstermin für eine Weiterbildung zur systemischen Familienberaterin teil, weil ich die Weiterbildung schon lange ins Auge gefasst hatte, jedoch im Vorjahr keinen Platz mehr bekam. Da es mir privat nicht so gut ging, überlegte ich zunächst hin und her, ob ich trotzdem damit anfangen sollte. Letztlich überzeugt hat mich die Leitung der Weiterbildung mit den Worten, sie würde glauben, die Weiterbildung sei jetzt wohl dran. Ich habe mich angemeldet und nicht nur beruflich, sondern auch privat ganz viel davon profitiert – besonders vom dazugehörenden Selfcare-Seminar, der Selbsterfahrungswoche und den erlernten Fragetechniken. Die Weiterbildung und die Kur haben mir sehr geholfen, wieder zu mir selbst zu finden und die vielen schönen Dinge im Leben wieder genießen zu können. Selbst wäre ich auf diese Methoden sicher nicht gekommen oder hätte sie noch (wie im Fall der Weiterbildung) ein Jahr aufgeschoben.

Sie sehen, es gibt mehrere Wege, die Erfahrung anderer Menschen in Ihre Etappenzielplanung einzubauen, sei es als Expertenwissen, sei es durch Coachings, sei es durch einen simplen guten Rat. Und wenn Sie Ihre Helfer sorgfältig auswählen, wird es ein sehr bereicherndes Brainstorming sein.

Hüten Sie sich vor falschen Ratgebern.

Lesen Sie aber auch ein Negativbeispiel dafür, was eine falsche Gruppenzusammensetzung bzw. ein überstürzter Entschluss für ein Etappenziel bewirken kann.

Carola, 33 Jahre, Personalreferentin in Teilzeit in einem Pharmakonzern, zwei Kinder (sechs und drei Jahre)

Mein Ziel war, eine persönliche Weiterbildung bis zum Ende des Jahres absolviert zu haben. Ich wollte dies parallel zu meinem Teilzeitjob machen. Eine gute Freundin riet mir, erst mal weniger zu arbeiten, um mal wieder zur

Ruhe zu kommen, die durch den Teilzeitjob neu gewonnene Freizeit zu genießen, anstatt mich gleich wieder in das neue zeitintensive Projekt zu stürzen. Klar stand auch »Mehr Zeit für mich« auf meiner Zieleliste, daher gefiel mir ihr Rat. Aber ich spürte im Laufe des Jahres eine immense Unruhe und konnte die Zeit für mich gar nicht richtig genießen. Ihr Rat, das Ganze um ein Jahr nach hinten zu schieben, um die eigenen Kräfte zu sammeln, war für mich falsch. Vielleicht war er einfach nur gut gemeint, vielleicht wollte sie mich aber auch bremsen, weil sie selbst noch nicht so weit war. Ich will hier niemandem Böses unterstellen, das ist ja auch nebensächlich. Die Hauptsache war, dass ich diese Idee nicht einfach hätte aufnehmen sollen, sondern sie mit etwas Abstand noch einmal anschauen sollen.

Das vorangegangene Beispiel zeigt, wie wichtig es ist, alle Etappenzielvarianten in Form einer Mindmap oder in irgendeiner anderen Form festzuhalten und diese dann auch wirklich einen Tag ruhen zu lassen. So gewinnen Sie den nötigen Abstand, betrachten alle Alternativen zunächst als gleichwertig und haben einen kompletten Überblick aus der Vogelperspektive. Ist das nicht schön? Es ist, als hätte Ihnen jemand aus einem LKW sämtliche als Zwischenmodelle geeignete Schuhmodelle vor die Haustür gekippt und Sie fliegen wie ein Vogel über dem Schuhberg und brauchen nur noch auszuwählen.

Machen Sie sich an diese Auswahl gleich am nächsten Tag, damit Sie den Rückenwind nicht verlieren. Jetzt ist es an der

Bewerten Sie gleich am nächsten Tag die Etappenziele und Schritte auf Ihren Mindmaps.

Zeit, Ihre Etappenziele, Ihre Schritte zum Ziel, Ihre finalen Schuhe und den Lauftrainingsplan auszuwählen. Nehmen Sie dazu bunte Klebepunkte, die Sie in jedem Schreibwarenladen erhalten. Sie haben pro Mindmap zehn Punkte zu vergeben. Wählen Sie jetzt aus dem Sammelsurium von Möglichkeiten die zehn Etappenziele bzw. Schritte, die Ihnen am meisten zusagen, die Sie am meisten ansprechen. Sie können alle zehn Punkte auf einen Schritt kleben, wenn dieser entscheidend und einzig für ein Ziel ist, Sie können je zwei Punkte auf verschiedene Schritte kleben oder Sie können zehn einzelne Punkte kleben, ganz wie Sie möchten. Verlassen Sie sich auf Ihre Intuition. Die Etappenziele müssen nicht an einem Ast stehen, sie können aus verschiedenen Ästen stammen. So machen Sie sich das kreative Potenzial ihrer kleinen Mindmap-Gruppe zunutze.

In unserem Beispiel auf Seite 134 kommt z. B. dem Punkt »potenzielle Kunden identifiziert« (siehe Abbildung) eine zentrale Bedeutung zu. Ich benötige diesen Punkt sowohl zur Auswahl des Standortes als auch zur Auswahl der Kollektion etc. Aber der Punkt passt auch an die beiden anderen Äste (Beratung gründen und Vertriebspartner werden). Ich schlage hier sozusagen mehrere Fliegen mit einer Klappe und sollte daher einen solchen Punkt hoch bewerten und unbedingt an den Anfang meiner Planungen setzen, um möglichst schnell einen großen Schritt zu gehen.

Schreiben Sie nun Ihr Endziel auf ein Papier und übertragen Sie die Etappenziele oder

Wenn Sie die zehn Punkte vergeben haben, übertragen Sie Ihr Endziel auf das Arbeitsblatt 12 im Anhang. Ergänzen Sie unter dem Ziel die einzelnen Schritte bzw. Etappenziele, denen Sie die meisten Punkte gegeben haben, und ergänzen Sie unbedingt einen Zeithorizont, d.h.: Bis wann wollen Sie welches Etappenziel erreicht haben? Achten Sie wieder auf Ihre Sprachwahl. Wählen Sie das Partizip II statt Verlaufsformen und geben Sie den Zielen einen realistischen Endtermin, der nicht zu weit weg liegt. Ein bisschen strecken müssen Sie sich schon, denn Sie wissen ja: So bequem sind Stöckelschuhe nun einmal nicht.

Schritte, denen Sie die meisten Punkte gegeben haben. Ergänzen Sie einen Zeithorizont und achten Sie wieder auf das Partizip II.

Übrigens können Sie zur Formulierung der Etappenziele auch komplett auf die Mindmaps verzichten, wenn der Weg zu Ihrem Ziel offensichtlich erscheint. Meistens tun sich jedoch durch das Erstellen von Mindmaps und das Einholen von Feedback bei einer Gruppe oder einem Einzelnen sehr bereichernde und auch zeitsparende Alternativen auf, selbst bei scheinbar banalen Zielen. Sie lernen zudem, den »Rat« vom »Schlag« zu unterscheiden und Ihre Vertrauenspersonen für bestimmte Fragestellungen zu definieren.

Untersuchen Sie abschließend Ihre Etappenziele auf mögliche Zielkonflikte.

Halten Sie jetzt noch einmal kurz inne und untersuchen Sie Ihre Ziele auf mögliche Konflikte. Haben Sie Ziele formuliert, die sich widersprechen? Dann sollten Sie eines dieser Ziele streichen oder hinten anstellen. Es handelt sich dann um einen Zielkonflikt. Ein Zielkonflikt besteht z. B., wenn ich den Abschluss einer Wochenendfortbildung anstrebe und daher zwei Monate lang jedes Wochenende weg sein werde. Wenn ich dann gleichzeitig ein Ziel habe, das heißt: »Mehr Zeit mit meinen Kindern verbringen«, und dazu ein Etappenziel habe, das heißt: »Ab sofort jedes Wochenende einen gemeinsamen Ausflug machen«, dann wird diese Ziel-Kombination nicht funktionieren. Diese Etappenziele stehen im Konflikt.

Die meisten Etappenzielkonflikte können Sie lösen, indem Sie die Ziele nacheinander lagern, also den Zeithorizont anpassen. Auf unsere Schuhe übertragen heißt das, dass Sie nicht auf zwei Paar Schuhen gleichzeitig laufen können, Sie können aber beschließen, sie nacheinander oder abwechselnd zu tragen.

Etappenzielkonflikte können Sie lösen, indem Sie die Ziele zeitlich nacheinander lagern. Sie können aber auch eines der Etappenziele streichen und dafür eine andere geeignete Alternative wählen.

Sie können aber auch für »Mehr Zeit mit den Kindern verbringen«, ein anderes Etappenziel aus Ihrer Mindmap auswählen. Beispielsweise könnten Sie sogar am Wochenende das »Gemeinsam morgens ausgiebig frühstücken« wählen, so Ihre Kinder zu den Frühaufstehern zählen, oder »Gemeinsam den Sonntagabend bei einem schönen Essen ausklingen lassen«. Sie verbringen dann zwar nicht einen ganzen Tag mit ihnen, aber wenige Stunden in sogenannter Quality-Time, mit intensiveren Gesprächen als z. B. bei einem Ausflug, bei dem Sie ja auch durch viele externe Einflüsse (z. B. Museum, Freizeitpark) von intensiven Gesprächen abgelenkt wären. Auf die Schuhe übertragen heißt das, dass ich sie nicht mal so beiläufig anziehe, um sie mal angehabt zu haben, sondern dass ich sie anziehe, das passende Kleid dazu anziehe, das passende Make-up dazu wähle und die Schuhe ausführe, wenn auch nur kurz. Ich kann sie so wenigstens bewusst genießen.

Eine andere Möglichkeit, einem vermeintlichen Zielkonflikt beizukommen, ist, das Delegieren in Erwägung zu ziehen. Wenn Sie die Fortbildung absolvieren wollen und das andere Ziel in der Weise umformulieren, dass es heißt: »Ich möchte, dass meine Kinder am Wochenende die hochwertige Ansprache einer Bezugsperson haben«, kommt das Delegieren ins Spiel. Und dies bedeutet auch, dass nicht jedes Ihrer Ziele komplett von Ihnen selbst ausgefüllt werden muss. Es ist ja nicht gesagt, dass die Kinder diese hochwertige Ansprache nur von Ihnen bekommen können. Es empfiehlt sich sogar, bei dem ganzen Kinderthema immer mit Delegation zu arbeiten. Ihre Kinder werden es nicht als Strafe, sondern als Abwechslung empfinden (hier müssen Sie oft »nur« Ihren Glaubenssatz modifizieren). Die hochwertige Ansprache könnte also beispielsweise Ihr Partner oder ein vertrauenswürdiger Babysitter, eine Oma oder eine Ersatz-Oma übernehmen.

Eine weitere Möglichkeit für die Lösung eines Etappenzielkonflikts ist das Delegieren. Hier ist es wichtig, dass Sie loslassen und der Person, an die Sie delegieren, auch die notwendige Organisationsfreiheit lassen.

Wichtig beim Delegieren, vor allem beim Delegieren der Kinder, ist allerdings, dass Sie loslassen. Formulieren Sie klar, was Sie erwarten, aber lassen Sie der Person, an die Sie delegieren auch Freiheiten, wie sie ihre Rolle ausfüllen möchte. Ein Partner findet einen fest vorgeschriebenen Zeit- und Aktionsplan für zwei Stunden Kinderbetreuung wenig spannend und er wird wenig motiviert sein, sich daran zu halten. Es genügt, die Erwartung zu formulieren: »Ich bin zwei Stunden nicht da. Felix muss um 18.00 Uhr beim Handball sein und Sophia muss um 19.00 Uhr ins Bett.« Den Rest kann Ihr Partner wunderbar alleine regeln, es wird die Kinder bereichern, wenn sie vor dem Schlafengehen mal ein anderes Programm haben als bei Ihnen, wenn statt Vorlesestunde vielleicht sogar Biergarten mit Spielplatz auf dem Programm steht. Und wenn aus 19.00 Uhr mal 19.15 Uhr wird, ist das auch nicht schlimm. Ihr Partner braucht diese Freiheit auch unbedingt, denn für Männer gibt es an dieser Stelle nichts Schlimmeres als die Maßregelung durch ihre Frauen. Denken Sie an die Aussage von Kathrin auf Seite 61. Also: Lernen Sie loszulassen und genießen Sie es! Es schafft Ihnen Freiräume für Ihre eigenen Prioritäten und hilft Ihren Kindern, vielfältige Kontakte aufzubauen. Was für eine Bereicherung!

Das einzige Argument, das ab jetzt nicht mehr gilt, wenn Sie Ihre Etappenziele realisieren wollen, ist das Argument:

Streichen Sie Ballast von Ihrer To-do-Liste und etablieren Sie eine Not-to-do-Liste: Was mache ich ab heute nicht mehr, was delegiere ich?

Ich habe keine Zeit. Wenn Sie Ihre Etappenziele so geplant haben, dass sie realistisch in einen Tag passen, geht es darum, anderen Ballast von Ihrer To-do-Liste zu streichen. Etablieren Sie eine Not-to-do-Liste: Was mache ich ab heute nicht mehr, was delegiere ich? Im Anhang auf Arbeitsblatt 13 können Sie sofort damit beginnen. Ich bin ein Fan der Not-to-do-Liste. Diese Liste hat etwas immens Befreiendes. Sie können nun einmal nicht alle Schuhe gleichzeitig tragen. Und gerade die Schuhe, die uns jetzt gewohnheitsmäßig an den Hacken kleben, egal ob es Hemmschuhe oder sogar schöne Schuhe sind, müssen für eine Weile aus Ihrem Schuhschrank verbannt werden, um Platz zu schaffen für die vielen schönen neuen Stöckelschuhe. Wenn Sie diese alten Schuhe im Schrank lassen, werden sie Ihnen immer wieder ins Auge springen und den Weg an Ihre Füße suchen. Sie waren doch so bequem – waren!

Wunderbar! Jetzt haben Sie nicht nur ein konkretes Modell Ihrer neuen Schuhe, sondern auch einen konkreten Plan, wie Sie die neuen Schuhe bald mit Bravour tragen werden, und zwar immer und überall. Das können Sie feiern! Ab jetzt gilt es »nur noch«, den Plan einzuhalten und wiederum binnen 72 Stunden loszulaufen.

Schritt 8:

Die neuen Schuhe verteidigen – Dranbleiben und Drinbleiben trotz Selbstzweifeln und Fremdzweiflern

Beim Festlegen unserer Ziele und unserer Etappenziele haben wir eine Entscheidung getroffen – eine Entscheidung, was wir wollen und welchen Preis wir dafür zu zahlen bereit sind. Nun gilt es, in die Ziele zu investieren und den Preis auch wirklich zu zahlen. Aus dem Schuhgeschäft gehen Sie ja auch nicht, ohne zu bezahlen – hoffe ich zumindest.

Verabschieden Sie sich vom Defizit-Denken und üben Sie positives Denken.

An dieser Stelle machen wir uns oft etwas vor. Unsere Gesellschaft ist von einem starken Defizit-Denken geprägt. Wir wollen immer genau das, was wir gerade nicht haben. Haben wir Kinder, vermissen wir den alten Beruf (der uns übrigens vorher oft genug gewaltig gestunken hat). Haben wir nur den Job, sehnen wir uns nach mehr Work-Life-Balance oder nach einer Familie. Ist es im Sommer zu heiß, schalten wir die Klimaanlage ein, ist es im Winter zu kalt, möchten wir am liebsten auswandern. Und mit den Schuhen ist es genauso: Tragen wir gemütliche Schlappen, sind sie uns nicht grazil genug. Tragen wir High Heels, sind sie nicht bequem genug.

Ein wichtiger Schritt weg vom Defizit-Denken, das geprägt ist von: »Ich hätte gerne …«, »Mir fehlt gerade …«, ist ein Wandel zum Positiv-Denken. In Schritt 3 beim Formulieren unserer neuen Glaubenssätze haben wir uns darin schon geübt. Aber wir können es nicht oft genug wiederholen und üben. Positives Denken wird in unserer Gesellschaft oft mit Träumerei oder Spinnerei gleichgestellt. Aber zwischen Schwarzmalen und Spinnerei liegen Welten. Gerade wir Mütter haben doch am eigenen Leib erfahren, wie hilfreich positives Denken ist. Der Schmerz der Geburt, die erste Brustentzündung, die vielen schlaflosen Nächte, das zahnende und weinende Kind: Selbst ein nicht negativ denkender Mensch würde dies als »Folter« bezeichnen. Und wie haben wir da reagiert? Wir haben das Problem vergessen, verdrängt oder noch viel mehr: Es war überlagert von diesem Glücksgefühl. Wir wissen also demnach genau, wie es geht. Aber warum wenden wir es nicht an?

Ich habe während meiner Coachings sehr häufig beobachtet, dass Frauen, die unbedingt wieder in den Job einsteigen wollten, die Hitliste der Bedenkenträger anführen könnten. »Ich würde ja gerne, aber …«, »Ich kann doch nicht, weil …« – das waren die häufigsten Satzanfänge, die immer und immer wieder vorkamen. Die Pläne standen längst, die Schuhe waren ausgesucht, der Zeitplan zum Tragen der Schuhe genau festgelegt, und trotzdem kamen plötzlich mit einer Wucht diese immensen Zweifel zurück, ob ihnen denn Stöckelschuhe überhaupt stehen. Manchmal frage ich mich, was passieren würde, wenn sich Mütter, bevor sie Kinder bekommen, genauso akribisch fragen würden, ob Kinder überhaupt zu ihnen passen.

Rufen Sie sich positive Ereignisse in Ihre Erinnerung, um positives Denken zu üben!

Der einzige Weg aus diesem Dilemma ist: Positives Denken üben. Erinnern Sie sich für einen Moment an die erhebenden Momente in Ihrem Leben: Ihr erster Kuss, Ihre erste große Liebe, Ihr Schul- oder Universitätsabschluss, das erste selbst verdiente Geld, Ihre Hochzeit, vielleicht die Geburt

Ihres Kindes, sein erstes Lächeln, die ersten Schritte – es gibt unzählige dieser Momente. Lehnen Sie sich für einen Augenblick zurück, schließen Sie die Augen und holen Sie diese Momente vor Ihr geistiges Auge. Wie haben Sie sich gefühlt in diesem Moment? Woran haben Sie gedacht? Woran haben Sie eventuell auch nicht mehr gedacht? Stellen Sie sich vor, wie toll Ihre hohen Schuhe aussehen, wie leuchtend Ihr Zielbild ist!

Na? Wie fühlt sich das an? Die Erfahrung zeigt, dass das Defizit-Denken uns ausbremst und runterzieht, wohingegen das Sich-selbst-Loben einen immensen Rückenwind gibt. Schreiben Sie also einmal pro Tag für jeden der Bereiche Ihrer Lebensvision »Karriere«, »Beziehungen«, »Fitness«, »Sonstiges« mindestens eine positive Sache auf, die Sie Ihrem Ziel zu dieser Vision näher gebracht hat. Tun Sie jeden Tag etwas Gutes für Ihren Beruf und auch für sich selbst und erkennen Sie dies auch vor sich selbst durch das Aufschreiben an. Ich garantiere Ihnen: Wenn Sie die Ergebnisse schriftlich festhalten, werden Sie merken, dass Sie niemanden vernachlässigen, weder Ihre Familie noch Ihren Beruf noch sich selbst. Es kommt nicht auf die Quantität, sondern auf die Qualität an, und genau dafür ist diese Übung Gold wert.

Loben Sie sich selbst und führen Sie eine Erfolgsliste: Schreiben Sie jeden Tag mindestens eine positive Sache auf, die Sie in den Bereichen »Karriere«, »Beziehungen«, »Fitness« und »Sonstiges« Ihrem Ziel näher gebracht hat.

Das positive Denken und das An-sich-selbst-Denken werden Ihnen Ihr möglicherweise verlorenes Selbstbewusstsein zurückbringen. Viele Mütter denken fast nur noch an die Familie, sobald Kinder da sind. Sie selbst kommen in ihrem Leben gar nicht mehr vor. Das Aufschreiben unserer guten Taten in den verschiedenen Bereichen, eben auch außerhalb der Familie, zeigt uns, dass wir eine ganze Menge mehr können. Wenn Sie übrigens noch nicht wieder in Ihrem Beruf arbeiten, aber wieder arbeiten möchten, dann zählt auch das Sammeln von Informationen oder das Sich-Gedanken-Machen über den beruflichen Wiedereinstieg zu den positiven Dingen, die aufschreibenswert sind. Und auch das Delegieren von Haushalt, Kindern oder anderen Aufgaben ist unter dem Kapitel »positive Entwicklung« zu verbuchen. Eben alles, was Sie Ihren neuen Zielen näher bringt, jede Sekunde, die Sie auf Stöckelschuhen verbringen, und sei sie noch so kurz, gehört auf Ihre Erfolgsliste.

Für diese Zwecke empfehle ich die Anschaffung eines vielleicht altmodischen, aber durchaus zweckdienlichen Papiertaschenkalenders. Machen Sie aus dieser Übung eine Dauer-Übung.

Notieren Sie sich außerdem einmal pro Tag drei Dinge, die Ihnen an diesem Tag gut gefallen haben. Schärfen Sie Ihre positive Wahrnehmung!

Schreiben Sie außerdem, zusätzlich zu den positiven Schritten für Ihre Lebensvision, ab sofort einmal pro Tag mindestens drei Dinge auf, die an diesem Tag gut waren. Was hat mir an diesem Tag besonders gut gefallen? Was ist mir heute gut gelungen? Was habe ich gut gemacht? Welche Hürde, welchen Schritt habe ich im Hinblick auf mein Ziel genommen?

Als Coach stoße ich bei dieser Übung immer wieder auf große Lücken. Es kommen Aussagen wie: »Was habe ich da schon gut gemacht? Es war o.k., es war selbstverständlich! Im Gegenteil, das hätte ich noch viel besser machen können.« Oder: »Ich war eine halbe Stunde joggen, aber die Zeit hat mir hinterher gefehlt für die Hausaufgaben der Kinder.« Übertragen auf unser Schuhbeispiel bedeutet dies: »Ich bin mal eine halbe Stunde zu Hause auf Stöckelschuhen herumgelaufen, aber das reicht ja noch lange nicht für den ganzen

Tag und mir tun jetzt schon die Füße weh.« Ja, wir können alles immer besser machen, wir können immer mehr Zeit für andere haben. Wenn Sie aber nicht beginnen, sich für Dinge zu loben und das hervorzuheben, was Ihnen gut gelungen ist, dann werden Sie nie Zufriedenheit finden. Gerade wenn Sie mehr Zeit für sich wollen oder mehr Zeit für Ihren Beruf, ist es immer mit weniger Zeit für Ihre Familie oder andere Dinge verbunden. Wenn Sie sich dann nicht auf den Nutzen Ihres neuen Set-ups konzentrieren, sondern auf die Nachteile, dann werden Sie Ihr neues Set-up nicht lieben lernen. Genauso wenig werden Sie Stöckelschuhe lieben lernen, wenn Sie ständig nur von einem bequemen, schluffenden Gang als das Maß aller Dinge träumen. Wir haben nun einmal eine sehr selektive Wahrnehmung, aber es ist doch viel schöner, das Positive zu selektieren und nicht die Defizite. Wenn Sie die Wahl hätten, sich an Ihren Füßen bildlich hochhackige Stilettos oder alte Pantoffeln vorzustellen, was würden Sie wohl lieber tun?

Lesen Sie sich Ihren Kalender immer wieder durch. Sie werden staunen, wie radikal sich Ihr Fokus von »Das Leben ist hart« in Richtung »Das Leben ist schön« verschieben kann oder wie »Das Leben ist schön« noch intensiver spürbar wird. Jeder Ihrer Tage ist voller schöner Ereignisse, nicht nur das Lachen Ihrer Kinder, die Liebe Ihres Partners, auch Sie ganz alleine schaffen jeden Tag aus eigener Kraft schöne Dinge. Sie werden sehen, wie wenig Sie darüber nachdenken, ob hohe Schuhe vielleicht unbequem sein könnten, denn Sie werden sie einfach nur schön finden und erstrebenswert!

Lesen Sie, was die Frauen, die bisher in diesem Buch zu Wort kamen, zum Thema »Positives Denken« zu sagen haben.

Anja, 43 Jahre, Head of Planning bei einer Werbeagentur in Teilzeit (80%), ein Kind (sieben Jahre)
Positiv Denken ist essentiell. Man muss sich bei allem Stress regelmäßig sagen: »Ich habe es so gewollt. Und wenn ich es jetzt nicht mehr will, was wäre die Alternative? Und würde mich diese Alternative wirklich glücklicher machen?«

Wenn Sie zweifeln, fragen Sie sich, was die Alternative wäre und ob Sie diese wirklich glücklicher machen würde.

Tja, was wäre die Alternative? Die Alternative wäre eben oft der alte Hemmschuh. Allein der Gedanke daran dürfte Sie an dieser Stelle zucken lassen.

Felizitas, 45 Jahre, Kindergärtnerin und Sozialarbeiterin in einer Schule für behinderte Kinder, zwei Kinder (17 und 19 Jahre)
Ja, ich habe gelernt, positiv zu denken. Das war allerdings ein Prozess, ich weiß aber nicht, wie es dazu gekommen ist. Einen großen Beitrag haben sicherlich die Bücher von Hera Lind geleistet.

Sie hat alltägliche Chaossituationen so lustig beschrieben, dass ich in ebensolchen Situationen im »echten« Leben auch lachen konnte.

Davor habe ich wehmütig an Dingen festgehalten, auch gedanklich, nun habe ich gelernt, dass ich die Vergangenheit nicht ändern kann, sehr wohl aber die Zukunft im Jetzt gestalten kann. Auch gewisse Dinge aus dem Schamanismus helfen mir: Die Energie folgt den Gedanken. Da spende ich doch lieber schönen Dingen meine Energie!!!!

Emma, 44 Jahre, Motopädin, zwei eigene Kinder (17 und 16 Jahre) und ein Dauerpflegekind (elf Jahre)

Ich arbeite ständig daran, nicht alles bierernst zu nehmen, sondern von dem Grundsatz »Aus Fehlern lerne ich und versuche es das nächste Mal besser« zu profitieren. Über meinem Schreibtisch hängt ein Plakat mit dem Spruch: »Ich kann nicht alle Probleme lösen, aber ich kann aufhören, mich von ihnen hypnotisieren zu lassen.« (Klaus Vopel) In meiner Küche hängen Cliparts, die mich an Strategien aus einem Selfcare-Seminar erinnern, das ich einmal gemacht habe. Oft funktioniert es, manchmal nicht, aber ich kann ja daran arbeiten. Das Wesentliche ist, gelassen zu bleiben und nicht jedes Mal, wenn es nicht funktioniert, zu sagen: »Siehst du, habe ich doch gewusst, ich kann es doch nicht …«

Ein wichtiger Punkt, den beide Frauen ansprechen, ist Humor und Gelassenheit bei Pannen. Dies hilft immens über unsere Selbstzweifel hinweg. Nehmen Sie die Stolperer und Umknicker auf Ihren neuen Schuhen mit Gelassenheit und lachen Sie darüber. Das ist schon ganz anderen passiert.

Wenn Sie auf Ihrem neuen Weg stolpern, tragen Sie es mit Gelassenheit und Humor.

Evelyn, Diplom-Kauffrau und Sprachtrainerin, zwei Kinder (acht und elf Jahre)

»Positiv Denken« heißt für mich, aus meinen Fehlern zu lernen, nicht zu streng mit mir selbst zu sein. Früher wollte ich mich immer noch auf alles 100% vorbereiten, mit Kindern und Job ist das nicht mehr möglich. Eine

positive Ausstrahlung macht das wett, und die funktioniert nicht ohne positives Denken.

Durch eine positive Einstellung gegenüber Ihren Zielen gelangen Sie zu einer positiven Ausstrahlung, die Sie über manchen Stolperer hinwegretten kann.

Auch hier ist viel Wahres dran. Die perfekte Stöckelschuh-Technikerin wird nicht perfekt rüberkommen, wenn sie ausstrahlt, dass sie gar nicht auf diesen Schuhen stehen will. Die Frau, die ausstrahlt, dass sie auf diesen Schuhen stehen möchte, wird glaubwürdiger rüberkommen, auch wenn sie einmal stolpert.

Lia, 39 Jahre, selbständige Marketing-Beraterin, zwei Kinder (fünf und ein Jahr)
Meine Erkenntnis ist, dass man Schwierigkeiten mit positivem Denken definitiv die Wucht nimmt. Bei unserem letzten Umzug musste ich sowohl Kinderfrau als auch Haushaltshilfe neu suchen, denn sie sind nicht »mitgezogen«. Früher hätte ich gesagt: »Ich finde bestimmt keine bessere Unterstützung«, und ich hätte mich von dem Neuanfang runterziehen lassen. Diesmal habe ich es als Chance gesehen, jemand noch Besseren und Passenderen zu finden. Und siehe da, ich habe eine entzückende Kinderfrau gefunden, die mit meinem Sohn nicht nur wie die vorherige stundenlang spazieren geht, sondern mit ihm spielerisch aufräumt, kocht und Wäsche aufhängt. Ein echter Gewinn!

Irgendwo gibt es eben doch noch ein besseres Modell, auch wenn wir uns das heute nicht vorstellen können. Es gibt immer einen Plan B, also ist es kein Drama, wenn es mit einem Schuhmodell mal nicht funktioniert.

Positives Denken hilft Ihnen, einen Plan B zu entwickeln, Alternativen zu finden und Schwierigkeiten als Chancen zu begreifen.

Und wenn wir gerade beim Thema »Positiv Denken« sind: Was ist denn an Ihnen toll? Haben Sie sich diese Frage in letzter Zeit wirklich oft genug gestellt und auch positiv beantwortet? Gerade Mütter finden sich immer wieder unzulänglich. Wenn das Kind schreit und sie es nicht beruhigen können, suchen sie die Schuld bei sich. Wenn der Mann sich vernachlässigt fühlt, versuchen sie, noch mehr zu geben. Wenn Geschwister untereinander in Streit geraten, wälzen sie den Erziehungsratgeber, um herauszufinden, was sie noch besser hätten machen können. Erziehungsratgeber finden alleine dadurch schon reißenden Absatz. Damit möchte ich den Wert von Erziehungsratgebern nicht schmälern. Jeder Mensch, der ein neues »Projekt« hat, sollte sich Wissen darüber aneignen und Erziehungsratgeber können eine hervorragende Quelle sein. Wesentlicher ist die Erkenntnis, dass Mütter oft alle Hebel in Bewegung setzen, um perfekt für andere (die Kinder, den Mann) zu sein. Ganz oft sind Frauen auch, was ihr Aussehen angeht, unter einem enormen Erfolgsdruck. Am Ende bleiben sie leider trotzdem sehr oft mit dem Gefühl zurück, es nicht geschafft zu haben oder selbst auf der Strecke geblieben zu sein. Kennen Sie, liebe Mütter, eine Frau, die noch nie in ihrem Leben auf High Heels ins Straucheln geraten ist? Hat diese Frau deshalb gleich ihren Job an den Nagel gehängt? Selbst erfahrene Models haben diese Erfahrung schon hinter sich und es ist Teil ihres Jobs, auf diesen Schuhen zu laufen.

Fehler sind absolut menschlich. Sie helfen uns, uns kontinuierlich zu verbessern und weiterzuentwickeln. Sie sind kein

Aus Fehlern können Sie lernen, um künftige Hindernisse besser zu meistern.

Makel. Die Frau, die auf High Heels umknickt, weiß, worauf sie beim nächsten Mal noch besser aufpassen muss. Die Siegerin wird sagen: »Da war ein Buckel im Boden, über den bin ich gestolpert.« Die Verliererin wird sagen: »Ich bin zu ungeschickt, um auf solchen Schuhen zu laufen!« Die Siegerin wird sagen: »Das passiert mir beim nächsten Mal nicht mehr!« Die Verliererin wird sagen: »Hoffentlich passiert mir das nicht wieder!« Und ganz wichtig: Die Siegerin hat alle Fehler schon vor der Zielgraden gemacht, ist oft genug gestolpert und hat daraus gelernt. Die vermeintliche Siegerin wird vielleicht auf der Zielgeraden zur Verliererin, weil sie dort zum ersten Mal strauchelt. Seien Sie also beruhigt, wenn nicht immer alles ganz glatt läuft, denn so stehen Sie langfristig sicherer auf Ihren neuen Schuhen und können zukünftige Hindernisse spielend meistern.

Immer wieder erlebe ich im Coaching oder in meinen Trainings Menschen, die nichts vom Positiv-Denken halten. Sie sagen, dass man sich damit die Welt schöntextet, offensichtliche Probleme übersieht und dass sie solche Menschen nervig finden, die immer gut gelaunt sind. Bei näherem Hinsehen entdecken sie meistens, dass nur die Menschen nervig sind, die nicht authentisch gut gelaunt sind, die etwas vorspielen. Das kann in der Tat anstrengend sein. Es sind die Menschen, die allen erzählen, wie toll ihre Ehe funktioniert, und die drei Monate später geschieden sind. Es sind Frauen, die erzählen, dass sie hohe Schuhe lieben, in Wirklichkeit verabscheuen sie tief in ihrem Innern jeden Zentimeter Absatz.

Diese Frauen sind nicht unsere Vorbilder. Unser positives Denken soll von innen kommen, aus einer inneren Überzeugung, aus unseren neuen Glaubenssätzen, die wir erfolgreich in unserem Unterbewusstsein verankert haben. Eine positive Einstellung heißt nicht, Probleme nicht zu sehen oder wegzudiskutieren, es heißt vielmehr, sich ihnen positiv zu stellen. Es sind keine Probleme, es sind Herausforderungen, an denen ich wachsen kann. Ein Kopfsteinpflaster muss kein Absatzmörder sein, es kann auch ein perfektes Training sein, in schwierigen Situationen auf den neuen Schuhen zu laufen. Und da ist nichts schöngetextet, das ist objektiv wahr: Was ich in schwierigen Situationen bewältige, kriege ich auch in einfachen Situationen gestemmt.

Positives Denken ist eine Einstellung, die von innen kommt. Probleme werden dabei nicht ausgeblendet, sondern die Haltung ist grundsätzlich positiv und lösungsorientiert.

Bei allem Positiv-Denken ist es aber auch sehr wichtig, sich potenzielle Hindernisse oder Schlechtredner vor Augen zu führen. Sie auszublenden wäre unrealistisch. Wir müssen uns auf unsere eigenen Zweifel, aber auch auf »Fremdzweifler« und Umwege einrichten. Wir müssen uns einstellen auf die Leute, die argwöhnisch auf unsere neuen Schuhe schauen, die vielleicht sogar glauben, unsere neuen Schuhe kommentieren zu müssen.

Wichtig ist es, dass Sie sich die möglichen eigenen Zweifel, die kommen werden, die Zweifel anderer Menschen an Ihren Plänen und auch mögliche Hindernisse kurz vorstellen. Rufen Sie sich das Bild vor Ihr geistiges Auge. Was werden Ihre eigenen Zweifel sein? Wer aus Ihrem Umfeld (Familie, Freunde, Eltern etc.) wird Zweifel an Ihren Plänen haben und nicht davor zurückschrecken, diese zu äußern? Welche möglichen Hindernisse werden mit Sicherheit oder mit großer Wahrscheinlichkeit auftreten, z. B. ein krankes Kind oder das kollektive Nicht-Können sämtlicher Babysitter, ein Mann auf Geschäftsreisen, ein nörgelnder oder fordernder Chef, Schwierigkeiten Ihrer Kinder in der Schule, eine nicht einfache Pubertät oder ein Kind, das einfach mal Mist baut. Die Liste der potenziellen Hindernisse für Ihre eigenen Pläne ist sicher endlos und zum Glück heute noch nicht vollständig absehbar. Die Welt ist voller unebener Wege, Schotter, Kopfsteinpflaster und Gitterroste.

Blenden Sie potenzielle Hindernisse, Umwege, eigene und fremde Zweifel nicht aus. Stellen Sie sich stattdessen vor, wie Sie diese überwinden.

Entscheidend ist jetzt, nach einem kurzen Betrachten der Hindernisse sofort in den Positiv-Modus umzuschalten und sich nicht die Hindernisse in allen Facetten auszumalen. Stattdessen lehnen Sie sich zurück und stellen Sie sich vor, wie Sie die Hindernisse überwinden. Malen Sie sich in allen Facetten vor Ihrem geistigen Auge aus, wie Sie z. B. Ihre Mutter bitten, sich aus der Beurteilung Ihrer Art der Kindererziehung rauszuhalten. Stellen Sie sich vor, wie Sie als Vollzeitberufstätige Ihrer gluckenhaften Freundin sagen, dass Sie ein Tabu-Thema mit ihr vereinbaren wollen, nämlich »Kinder und wie viel Mutter sie brauchen«. Malen Sie sich aus, wie Sie die gut gemeinten Ratschläge Ihrer Schwiegermutter an sich abprallen lassen oder wie Sie sogar eine Auszeit von Ihrer besten Freundin genießen, die Ihr Vorhaben nicht unterstützt. Je mehr Sie sich verbildlichen, wie Sie potenzielle Hindernisse und Schlechtredner überwinden oder ausblenden, umso gestärkter und gewappneter sind Sie für die Zukunft und umso leichter wird Ihnen dieser Schritt fallen. Oder auf unsere Schuhe bezogen: Je mehr Sie sich ausmalen, wie Sie über Teppichkanten schweben oder grazil auf Zehenspitzen über Gitterroste tappen, umso besser und automatischer wird es Ihnen gelingen. Wenn Sie sich stattdessen in allen Facetten ausmalen, wie Sie mit dem Absatz in einem Gitterrost stecken bleiben und alle um Sie herum lachen, umso wahrscheinlicher ist es, dass genau diese Situation eintritt. Das nennt man eine sich selbst erfüllende Prophezeiung.

Nutzen Sie im Anhang das Arbeitsblatt 14, um Ihren Gedanken hier ein wenig mehr Struktur zu geben. Erstellen Sie eine Sammlung aller potenziellen Hindernisse, die Ihrem Vorhaben im Wege stehen könnten.

Überlegen Sie sich, wie Sie die Entstehung von Hindernissen bereits im Vorfeld verhindern können. Räumen Sie sich Ihren Weg frei und vervollständigen Sie Ihre Not-to-do-Liste.

Sobald Sie alle drei Themenblöcke erfasst haben, sollten Sie einen Schritt weitergehen und sich überlegen, wie Sie die Entstehung des Hindernisses eventuell bereits im Vorfeld verhindern können. Auf die Schuhe übertragen heißt dies, dass Sie sich konsequent den Weg, den Sie gehen möchten, von Unebenheiten und Abfall freiräumen, damit Sie mit Ihren hohen Schuhen bestmöglich laufen können. Und das heißt konkret, Dinge, die nicht zielführend sind, einfach nicht mehr zu tun, Dinge, die Sie nicht unbedingt selbst machen müssen, zu delegieren. Wir haben im letzten Kapitel gesehen, dass auch andere mit unseren Kindern umgehen können, ohne ihnen zu schaden. Vervollständigen Sie Ihre Not-to-do-Liste: Was machen Sie ab heute nicht mehr?

Kathrin hat irgendwann beschlossen, nicht mehr der Einkaufsmanager zu sein, Sabine hat beschlossen, die Kinder einen Tag der Oma zu überlassen, Anja hat beschlossen, Freunde und Familie für eine Weile hintenanzustellen. Alle Frauen in diesem Buch haben bewusst zu etwas (vorübergehend) Nein gesagt, und das war wichtig, um den Fokus zu behalten. Verbannen Sie einzelne Aufgaben auf diese Liste, verbannen Sie lieb gewonnene Schluffen aus Ihrem Schrank und somit aus Ihrem Blickfeld.

Ein förderliches Umfeld ist für das Erreichen Ihrer Ziele extrem wichtig. Es gibt eine konkrete Strategie gegen die Schlechtredner, die Fremdzweifler, die immer ein Argument gegen Ihre Pläne parat haben werden, die ständig ihren Unmut über Ihre neuen Schuhe kundtun müssen. Der erste Schritt gegen diese »Feinde« ist natürlich, selbst positiv zu denken, das schreckt nämlich Schlechtredner ab.

Positives Denken schreckt Schlechtredner und Fremdzweifler ab.

Sicher ist Ihnen der Spruch »Wie man sich bettet, so liegt man« bereits begegnet. Er birgt eine Menge unschöner Wahrheit. Es gibt viele Leute in Ihrem Leben, die den Film »Nichts ist möglich!« drehen. Sie suchen für alles eine Ausnahme und einen Grund, warum etwas sicher nicht funktionieren kann. Das Leben dieser Menschen ist geprägt von Angst, Zweifeln, schlechten Erfahrungen und dem festen Glauben, doch nichts tun zu können. Schuld daran sind meistens die anderen. Diese Menschen kleben in den Hemmschuhen fest und sind mit ihnen verwachsen. Sie spielen eine klassische Opfer-Rolle und verbringen ihr Leben im Beifahrersitz statt im Fahrersitz. Dies könnte Ihnen weitestgehend egal sein, wenn diese Menschen nicht dafür empfängliche andere Menschen in diese Opfer-Haltung mit hineinziehen würden. Sie erzählen so lange und in allen Details, wie furchtbar sie Stöckelschuhe finden, dass Ihnen schon beim bloßen Zuhören die Füße zu schmerzen beginnen.

Nach dem Gesetz der Anziehung ziehen Sie durch positives Denken automatisch positiv eingestellte Menschen in Ihr Leben.

Umgekehrt gilt aber glücklicherweise das Gleiche. Denken Sie an das Gesetz der Anziehung. Mit diesem Gesetz arbeiten Sie bereits Ihr ganzes Leben. Egal, was in Ihr Leben tritt, der Job, die Freunde, der Partner, Ihre Umgebung, alles haben Sie angezogen. Sie haben es angezogen durch das, was Sie ausgestrahlt haben. Strahlen Sie Unsicherheit aus in dem, was Sie tun, so ziehen Sie die Leute an, die diese Unsicherheit bestärken, die Ihnen sagen, dass Ihr Plan doch gar nicht funktionieren kann. Strahlen Sie hingegen

Sicherheit aus, so prallen diese Menschen schlichtweg an Ihnen ab.

Also achten Sie darauf, dass Sie an Ihrem Positiv-Denken arbeiten, und achten Sie darauf, mit wem Sie sich näher beschäftigen. Wenn die Menschen um Sie herum keine positive Lebenseinstellung haben und Sie nicht unterstützen, so sollten Sie aufhören, sich mit diesen Leuten auseinanderzusetzen, oder Sie sollten Ihre Ziele und Pläne für sich behalten. Wir haben bereits beim Brainstormen für die Etappenziele gesehen, dass es Menschen gibt, die uns dabei hilfreich sind, und andere, die weniger hilfreich sind.

Bei der Umsetzung unserer Ziele schlägt dieser Faktor noch viel mehr zu Buche. Denn jetzt laufen wir bereits auf unseren neuen Schuhen, am Anfang sicher auch noch nicht besonders grazil. Daher sind wir für viele Kommentare von außen, gerade aus unserem direkten Umfeld, leider oft sehr empfänglich. Erschreckenderweise, liebe Mütter, ist oft wieder der eigene Partner jemand, der uns die Umsetzung unserer Pläne erschwert. Und er meint das – wie wir inzwischen wissen – nicht böse. Viele Mütter in meinen Coaching-Gruppen gingen nach der Gruppensitzung hochmotiviert nach Hause. Eine Woche später kamen sie kleinlaut und enttäuscht zurück. Auf die Frage, was passiert sei, sagten sie, dass sie am Abend ihrem Partner davon erzählt hatten und mindestens einen der folgenden Kommentare geerntet hatten: »Was für einer Sekte hast du dich denn da angeschlossen?« »Man kann sich auch alles schönreden!« »Wie willst du das denn bitte neben den Kindern noch hinkriegen?« Ein echter Volltreffer. Sie ziehen die tollsten Stöckelschuhe an und der erste Kommentar ihres Partners ist: »Wie willst du denn jemals darauf laufen?«

Überlegen Sie sich also wiederum gut, wann Sie wem in welchem Detail-Grad von Ihren Plänen erzählen. Auch ein Partner muss nicht immer und zu jeder Zeit über alle Details unserer Gedankengänge informiert sein. Im Gegenteil: Versetzen Sie sich in den Partner. Die Geburt des Kindes bzw. der Kinder hat für ihn einen mindestens so großen Einschnitt im Leben bedeutet wie für Sie, auch wenn Sie denken, für ihn habe sich nichts geändert, weil er ja in vielen Fällen weiterhin seinem alten Job nachgeht wie früher. In Gesprächen mit vielen Vätern höre ich immer wieder heraus, dass die gestiegene Verantwortung massiv auf den Schultern der Männer lastet. Oft macht sich eine regelrechte Existenzangst breit, geschürt von der Tatsache, dass sie jetzt nicht mehr nur sich selbst, sondern eine ganze Familie ernähren müssen. Denn oft bedeutet das Ja zu Kindern für viele Frauen hierzulande immer noch einen Verzicht oder ein Hintenanstellen des eigenen Berufs.

Nachdem Ihr Partner sich gerade an diese Situation gewöhnt hat, alle finanzielle Last alleine tragen zu müssen, kommt nun noch die Bedrohung hinzu, dass er eventuell zu Hause auch wieder mehr machen muss, weil die liebe Partnerin gerade die Selbstverwirklichung beschließt. Und inmitten dieser Bedrohungslagen soll er dann auch noch ein motivierendes und lobendes Wort für seine Partnerin bereithaben? Das, liebe Mütter, ist sehr viel verlangt. Geben Sie Ihrem Partner Zeit, sich an die neue Situation zu gewöhnen, vor allem wenn Sie sich jahrelang in den Hemmschuhen wohlgefühlt haben. Sie tragen jetzt Absätze und begegnen Ihrem Partner wieder mehr auf Augenhöhe, vielleicht sogar ein bisschen höher. Geben Sie ihm also die Zeit, sich an diesen neuen Zustand zu gewöhnen, und zwar Schritt für Schritt.

In der Kommunikation ist es hier oft wichtig, dem Partner einen Vorteil für sich mitzuliefern. Dieser könnte lauten: »Ich baue mir eine eigene Existenz auf, damit die finanzielle Last nicht allein bei dir liegt«, oder: »Ich möchte wieder arbeiten, damit ich intellektuell auch für dich wieder ein bisschen herausfordernder bin. Dafür erwarte ich von dir, dass …« Auf unser Beispiel übertragen: »Ich trage jetzt Absätze, damit ich dir mehr auf Augenhöhe begegnen und ein echter Partner sein kann.« Suchen Sie aber auf jeden Fall die Kommunikation mit Ihrem Partner, nur eben zeitlich und inhaltlich gut dosiert.

Geben Sie Ihrem Partner Zeit, sich an die neue Situation zu gewöhnen. Suchen Sie die Kommunikation mit ihm und zeigen Sie ihm die Vorteile auf, die der veränderte Zustand auch für ihn mit sich bringen wird.

Machen Sie Ihrem Partner auch klar, dass Sie von ihm keine Lösungen für Ihre Fragen erwarten (Männer produzieren gerne Lösungen). Die Erfahrung zeigt, dass es am besten ist, den Partner in die Etappenziele einzubinden und nicht in den Prozess, den Sie selbst noch entwickeln. Wenn Sie Ihrem Partner sagen: »Ich melde mich zu einer Fortbildung an und bitte dich, an den Wochenenden für die Kinder zu sorgen!«, hat dies eine andere Aussagekraft, als wenn Sie sagen: »Ich überlege, ob ich eine Fortbildung mache!« Der zweite Satz ist geradezu eine Einladung, Gegenargumente zu finden oder kritische Fragen zu stellen, beim ersten Satz stehen mehr oder weniger vollendete Tatsachen im Raum, was für die meisten Männer einfacher zu handhaben ist, vorausgesetzt es gelingt Ihnen, Ihrem Mann seinen Vorteil von der Situation aufzuzeigen. Nehmen Sie Ihren Partner mit auf Ihre Reise und holen Sie ihn da ab, wo er steht. Manche Frauen werden beim Umsteigen auf Stöckelschuhe ein wenig zickig, sie wollen es der Welt zeigen und stolzieren los, ohne den Partner mitzunehmen, der das ja eh alles nicht versteht. Er kann es verstehen, wenn Sie es ihm erklären. Es soll Ihnen schließlich nicht so gehen wie Ilona.

Ilona, 52 Jahre, heute selbständige Trainerin, drei Töchter (23, 27 und 30 Jahre), eine Enkeltochter (drei Jahre)

Ich gab also meine Sportkurse und arbeitete in einer Spedition, um Schritt für Schritt meine Träume zu verwirklichen. Leider war das meinem Mann alles gar nicht recht. Er wollte mich weiterhin zu Hause bei den Kindern sehen. Ich habe ihn sicher auch nicht richtig mitgenommen auf meinem Weg. Es hat ihn sehr verunsichert, ich war einfach nicht mehr die Frau, die ich vorher war. Ich setzte mich durch und arbeitete morgens, während die Kinder in der Schule waren. Ich kam auf Weiterbildungen und merkte, wie klein mein Horizont vorher war. Leider entwickelten mein Mann und ich uns dadurch auch immer weiter auseinander, da er in meinen Augen lieber das »Heimchen am Herd« wollte. Ich kam mir vor wie im »goldenen Käfig«. Nebenher fing ich eine zusätzliche Ausbildung an, da mein Mann dagegen war, musste ich mir sogar das Geld von meiner Mutter leihen. Mein nächstes Ziel war demnach klar: Eine eigene Wohnung mit drei Kinderzimmern für meine Töchter. Ich hatte ihn in meinem Prozess verloren.

Welche Personen aus Ihrem näheren Umfeld sind Ihrem Vorhaben förderlich? Welche stören Ihr Vorhaben momentan oder sogar langfristig?

Auch die eigenen Eltern oder Schwiegereltern sowie die beste Freundin spielen beim Schlechtreden keine unerhebliche Rolle. Dahinter steckt oft nicht böse gemeinter Neid darüber, dass Sie etwas tun, was sich Ihre Eltern oder Ihre Freundin niemals trauen würden. Lassen Sie andere hier nicht ihre Defizite bei Ihnen abladen und Ihnen damit ein schlechtes Gefühl geben. Verbannen Sie also die notorischen Schlechtredner aus Ihrem Leben – vielleicht müssen Sie dies nur für eine Weile tun, bis Ihre Pläne etwas mehr Hand und Fuß haben, vielleicht müssen Sie es nur bei bestimmten Themen tun, es kann aber auch sehr gut sein, dass diese ganz aus Ihrem Leben verschwinden müssen. Wenn Sie Ihre Liebe zu High Heels entdeckt haben und Ihre bisher besten Freundinnen dadurch zu noch eiserneren Verfechterinnen von Gesundheitssandalen geworden sind, dann passt hier etwas nicht mehr zusammen. Diese Erfahrung kann schmerzhaft sein, aber ein solcher Prozess ist nicht selten und er erhöht die Chance auf den Erfolg Ihrer eigenen Pläne. Es ist Ihr Leben – und es sind Ihre Schuhe.

Machen Sie sich am besten drei Listen. Auf die erste Liste setzen Sie die Namen der Leute, die Ihrem Vorhaben guttun und mit denen Sie jetzt mehr Zeit verbringen wollen (die High-Heel-Lovers). Auf die zweite Liste setzen Sie die Namen der Leute, die Ihnen überhaupt nicht guttun und zu denen Sie den Kontakt reduzieren bzw. vorübergehend einstellen wollen (Gesundheitslatschenfraktion). Auf die dritte Liste kommen die Namen derjenigen, mit denen Sie den Kontakt nicht abbrechen oder reduzieren können oder wollen, denen Sie aber von Ihrem Vorhaben, wenn überhaupt, dann nur wohldosiert berichten werden (langsame Anpasser). Verwenden Sie das Arbeitsblatt 15 im Anhang.

Diese Vorgehensweise mag Ihnen herzlos erscheinen, ist für Sie aber sehr wichtig. Setzen Sie Ihr Vorhaben sofort in die Tat um und gehen Sie mit den Kontakten entsprechend um. Seien Sie ruhig ehrlich zu den Menschen, die Sie meiden werden. Sie können ihnen sagen, dass Sie an einem Vorhaben arbeiten, auf das Sie sich stark konzentrieren müssen, und dass Sie dafür mehr Zeit für sich brauchen. Sie können, wenn

Sie wollen, auch sagen, dass der Kontakt diesem Vorhaben momentan nicht zuträglich ist. Dies sei nicht persönlich zu nehmen, sondern läge an Ihrer momentanen Situation. Sie können auch schlichtweg Tabu-Themen vereinbaren. Auch mit Ihrem Partner können Sie dies so handhaben. Binden Sie ihn an entscheidenden Eckpunkten aber auf jeden Fall ein. Meiden Sie dic Stöckelschuhe-Hasser oder vereinbaren Sie mit ihnen ein anderes Thema als »Schuhe«. Verbünden Sie sich mit den Stöckelschuh-Freunden!

Beobachten Sie, wer Ihrem Vorhaben wohlgesonnen gegenübersteht und wer nicht!

Beobachten Sie sich und Ihr Umfeld in nächster Zeit. Manchmal ist es nicht einfach zu erkennen, wer einem wohlgesonnen ist und wer nicht. Auch hier schlägt unsere selektive Wahrnehmung zu. Wenn Sie z.B. Probleme hatten, schwanger zu werden, erinnern Sie sich vielleicht daran, dass Sie ab dem Moment, als Sie schwanger werden wollten, nur noch Schwangere gesehen haben, obwohl diese statistisch gesehen natürlich nicht über Nacht mehr geworden sind. Genauso ist es mit den Kommentaren anderer Menschen: Wir hören, was wir hören wollen. Erinnern Sie sich an das Beispiel von Ilona aus dem zweiten Kapitel? Ilona hat glücklicherweise auf ihre Kollegen gehört und nicht auf ihren Chef, sonst hätte sie sich noch nicht einmal beworben. Lesen Sie hier noch einmal Ilonas Beispiel.

Ilona, 52 Jahre, heute selbständige Trainerin, drei Töchter (23, 27 u. 30 Jahre), eine Enkeltochter (drei Jahre)

Dann wurde in meiner Firma eine Halbtagsstelle ausgeschrieben. Zuerst traute ich mir das nicht zu, da es sich um Verkaufsinnendienst handelte, meine neuen Kollegen redeten aber auf mich ein, bis ich mich bewarb. Mein Chef war sicher, dass ich zu schüchtern wäre und für so etwas nicht geeignet.

Vervollständigen Sie nun Ihre Liste mit Hindernissen im Arbeitsblatt 16 im Anhang.

Und, wie fühlt sich das an? Stehen Sie erhobenen Hauptes auf Ihren Stöckelschuhen und sind bereit, gegen die Gesundheitslatschenfraktion anzutreten!? Um Ihnen noch etwas mehr »Waffen« in die Hand zu geben, lesen Sie hier, was die Frauen in diesem Buch gegen Schlechtredner unternommen haben.

Anja, 43, Head of Planning bei einer Werbeagentur in Teilzeit (80%), ein Kind (sieben Jahre)

Als ich nach einem Jahr Erziehungszeit den Wiedereinstieg in die Werbebranche suchte, haben mir viele gesagt: »Muttersein in der Werbung kannst du vergessen.« Das wollte ich nicht akzeptieren und habe es einfach für mich durchgezogen. Ich versuche so flexibel wie möglich zu sein und wenn es dann überhaupt nicht hinhaut, mit Babysitter etc., sage ich das offen. Das finden manche zwar blöd, gerade wenn es eh schon stressig ist, aber ich habe mir inzwischen ein etwas dickeres Fell zugelegt. Ich denke dann: »Ich probiere das, was geht. Und wenn es dann doch mal nicht klappt, dann ist es halt so.« Zumal ich weiß, dass ich meinen Job gut mache und ein gutes Selbstbewusstsein habe.

Das dicke Fell und die Ohren auf Durchzug sind schöne Symbole. Auch der Song der »Ärzte« mit dem Titel »Lass die Leute reden« passt perfekt, für diejenigen, die auch einen akustischen Impuls brauchen. Ich empfehle Ihnen, sich in diesen Situationen ein Ritual zu suchen, das die Worte der Schlechtredner an Ihnen abprallen lässt, und wenn es das Bild vom Stöckelschuh in Ihrem Kopf ist, das Sie vor Ihrem geistigen Auge leuchten lassen, oder der Song der »Ärzte« oder ein anderer Song, den Sie sich vorsingen oder den Sie hören.

Suchen Sie sich ein Ritual, das Ihnen hilft, Worte von Schlechtrednern oder Fremdzweiflern an sich abprallen zu lassen. Nehmen Sie deren Einwände zum Anlass, mit noch mehr Motivation an Ihrem Ziel weiterzuarbeiten.

Evelyn, Diplom-Kauffrau und Sprachtrainerin, zwei Kinder (acht und elf Jahre)

Ich habe gelernt, mich von den Einwänden anderer nicht beirren zu lassen. Im Gegenteil, man sollte solche Einwände sogar zum Anlass nehmen, mit noch mehr Schubkraft weiterzumachen. Das ist das Wichtigste überhaupt, wenn man nach einer langen Erziehungspause wieder arbeiten will.

Sarah, 34 Jahre, Produktmanagerin in einem Pharma-Konzern, ein Kind (drei Jahre)

Mein Ziel war es, auch mit Kind nicht komplett sozial zu vereinsamen, sondern auch mit den Kindern Geburtstage, Silvester etc. zu feiern. Klar, es geht nicht immer alles, aber schon eine ganze Menge. Die Sprüche wie: »Kinder brauchen eine feste Bettgehzeit und spätestens um 8.00 Uhr müssen sie im Bett liegen«, oder: »Genießt noch mal die Party, mit Kind ist das erst mal vorbei«, hörte ich häufig während meiner Schwangerschaft. Natürlich, die

Feiern haben sich verändert, aber ich finde es keineswegs unmöglich, sich abends mit Freunden zu treffen, die mittlerweile auch häufig Kinder haben. Die Kids können am Wochenende gerne »open end« spielen und wir haben die Freiheit, ungestört zu klönen, zu feiern etc., ohne dass es in eine »Kinderfeier« ausartet.

Haben Sie Spaß daran, es auf Ihre Art zu machen. Schon Sinatra sang stolz von »My Way«. Sie können auch stolz sein auf Ihren Weg, mit Ihren Schuhen, und dies entsprechend feiern und Spaß daran haben, genau wie Anne.

Anne, 36 Jahre, früher Produktmanagerin, jetzt auf dem Weg in die Selbständigkeit, zwei Kinder (zwei Jahre, vier Monate)

Mein Ziel nach Kind 1 war es, nach einem Jahr zurück in den Job auf 50% zu gehen. Viele sagten: »Oh Mann, so schnell zurück!« »Oh Mann, so früh den Kleinen in die Krippe geben?« »Geht das überhaupt mit der Firma? Macht die Firma das mit?« Ich habe mir das angehört und immer gedacht: Wenn ich es nicht ausprobiere, werde ich es nie wissen. Und ich habe mein Ziel erreicht, auch wenn ich meine Pläne nach dem zweiten Kind umgestellt habe, aber das hat nichts damit zu tun, dass es mit der Firma nicht ging oder in der Krippe nicht funktionierte, im Gegenteil. Aber ich habe einfach für mich neue Prioritäten gefunden – und höre jetzt die gleichen Zweifler wieder schreien. Das macht fast schon Spaß, sie zu hören.

Kathrin, 45 Jahre, Geschäftsführerin einer PR-Agentur, zwei Söhne (18 und 19 Jahre)

Die größten Kritiker bei der Verwirklichung meiner Pläne waren immer andere Frauen, sehr oft solche ohne Kinder. Vielleicht liegt das daran, dass sie keine Kinder hatten, weil es eben ihrer Meinung nach nicht geht, neben Kindern auch noch ein eigenes erfülltes Leben zu führen.

Ich arbeitete nur 50% und wollte zusätzlich noch einen Tag Homeoffice, um mir die einstündige Fahrzeit ins Büro zu ersparen. Alle erklärten mir, das wäre nicht möglich, wo ich doch ohnehin nur halbtags arbeiten würde. Ich glaubte an die Vision und setzte es doch durch. Wichtig ist, dass man selbst genau weiß, was man will, und das dann auch verinnerlicht. Nur so bekommt man seine Wünsche klar und ohne Aggression kommuniziert.

Menschen verbannt habe ich übrigens noch nicht, aber ich schütze mich bewusst vor negativen Einflüssen gut gemeinter Ratschläge. Man muss ja nicht mit jedem über alles reden. Ich habe einige Freunde, die wissen, dass wir bestimmte Bereiche nicht ansprechen, nach dem Motto »We agree we disagree«.

Es ist wichtig, auf die Bremser kurz zu hören und zu reflektieren, ob sie recht haben. Dann sollte man sich aber an diejenigen halten, die über das »Wie kann es gehen?« reden, und nicht an diejenigen, die erklären, warum es sicher nicht geht.

Kathrins Beispiel zeigt wieder sehr schön, wie wichtig es ist, auch das auszustrahlen, was man will. Und das geht nur, wenn ich meine Ziele, meine Glaubenssätze verinnerlicht habe. Aber es zeigt auch, wie man sich gegen Schlechtredner abgrenzen kann, ohne sie zu verletzen oder verbannen zu müssen. Und das ist gerade bei emotional nahestehenden Menschen sehr wichtig. Annette und Patricia haben in diesem Zusammenhang ihren eigenen Weg gefunden, mit nahestehenden Personen umzugehen.

Annette, 41 Jahre, Senior Consultant, zwei Kinder (elf und neun Jahre)

Ich habe gelernt, meine Eltern nicht mehr in meine beruflichen Überlegungen mit einzubeziehen. Ich stelle sie immer vor vollendete Tatsachen, denn in deren Meinung kommt meine Familie (und der Haushalt!) sowieso immer zu kurz. Fundiert finde ich ihre Aussage aber wahrlich nicht.

Patricia, 44 Jahre, selbständige Übersetzerin, zwei Kinder (elf und 14 Jahre)

Als ich mich selbständig gemacht habe, haben meine Verwandten gemeint, meine Idee sei nicht realisierbar. Als ich ihnen dann noch erzählte, dass es nicht gut läuft, fühlten sie sich bestätigt und bekamen noch mehr Rückenwind. Ich erzähle ihnen momentan einfach nichts mehr. Mein Geschäft wächst langsam, es braucht einfach nur mehr Anlaufzeit, als ich gehofft hatte. Wenn die ersten Erfolge groß genug sind, werde ich vielleicht wieder davon erzählen, ansonsten ist das Thema erst einmal tabu.

Diese Beispiele zeigen, dass Sie Ihre Idee verteidigen können, ohne einen Streit mit Ihrem kompletten Umfeld anzufangen,

Bleiben Sie gegenüber Fremdzweiflern sachlich, aber zeigen Sie deutlich Grenzen auf!

was sicherlich auch nicht förderlich wäre. Bleiben Sie sachlich und zeigen Sie deutlich Grenzen auf, stellen Sie die Ohren selektiv auf Durchzug und bestimmen Sie selbst, worüber Sie reden wollen und worüber nicht. Das heißt ja nicht, dass wir diese Menschen nicht mehr lieb haben, aber sie sind uns mit ihren speziellen Kommentaren an dieser Stelle eben nicht förderlich. Und es gibt sicher genug andere Themen, über die wir uns gerne mit ihnen austauschen. Ihre tollen neuen Schuhe haben es nicht verdient, schlechtgeredet zu werden. Verteidigen Sie sie! Sie waren teuer und sie bedeuten Ihnen viel, vielleicht fast so viel wie Ihre Kinder, und die würden Sie doch auch verteidigen.

Ein schönes Beispiel dafür, wie Sie gegen Selbstzweifler und Fremdzweifler gleichzeitig ankommen können, schildert Christine:

Christine, 38 Jahre, Partner in Vollzeit in einer Unternehmensberatung, zwei Kinder (drei und fünf Jahre)

Mit zwei Kindern Vollzeit in einer Beratung, da kommen einem immer wieder Zweifel, zumal meine Vollzeit wirklich nur bis 18.00 Uhr und nicht bis Mitternacht geht. Immer wieder denke ich, dass ich meinen Job in der Zeit nicht gut genug machen kann. Ich suche dann das Gespräch mit Frauen in ähnlichen Situationen. Sie kommen oft aus anderen Branchen, ich lerne sie bei Netzwerktreffen kennen. Niemals würde ich auch nur einen Ton gegenüber Kollegen oder gar meinem Vorgesetzten von meinen Zweifeln erwähnen. Die lauern ja nur darauf, die Oberhand zu gewinnen. Gerade in der Beratung ist es ein ziemliches

Machtspiel. Die Gespräche mit Fremden ermutigen mich. Es sind keine Freunde (die vielleicht auch Neider sein könnten), es sind keine Konkurrenten um meinen Job, es sind einfach nur Frauen in der gleichen Situation.

Außerdem blicke ich immer wieder auf meine männlichen Kollegen und sage mir, dass die in ihrer Vollzeit lange nicht so viel geschafft kriegen wie ich in meiner »reduzierten« Vollzeit. Darin, unseren Wert zu erkennen, sind wir Frauen wirklich nicht gut. Meine männlichen Kollegen finden sich alle ganz toll, und ich frage mich tagtäglich, was ich besser machen kann.

Zu guter Letzt fokussiere ich nicht nur inhaltlich auf die Dinge, die wirklich einen Unterschied machen, sondern ich fokussiere mich auch gedanklich ganz stark auf die Dinge, die mir Spaß machen an meinem Job: das Team zu entwickeln, den wachsenden Markt weiterzuentwickeln. Und prompt sind die Zweifel weg.

Wie Sie sehen, fährt Christine hier auf mehreren Gleisen. Sie besiegt ihre eigenen Zweifel (ihr Nicht-perfekt-Sein), aber vermeidet auch in bestimmten Themen den Austausch mit Fremdzweiflern (Vorgesetzten und Kollegen). Hinzu kommt, dass sie ganz klar ihre Zeit auf die wesentlichen Dingen fokussiert. Christine führt eine Not-to-do-Liste, um dem Mythos, dass man in der Beratung nur vorwärts kommt, wenn man mindestens zwölf Stunden am Tag anwesend ist, entgegenzuwirken. Die besten Manager der Welt sind übrigens nicht die, die täglich am längsten arbeiten, sondern diejenigen, die täglich fokussiert an den richtigen Dingen arbeiten.

Außerdem fokussiert Christine auch gedanklich immer wieder auf die positiven Seiten ihres Jobs. Das können wir Mütter doch sowieso prima, auf das Positive fokussieren. Würden wir sonst die alltäglichen Herausforderungen mit Kindern so gut meistern? Tausende von Müttern pubertierender Jugendlicher hätten ihre Kinder schon abgegeben, wenn sie diese Fähigkeit nicht hätten, das Positive zu sehen. Und ob Männer sich wirklich immer toll finden, sei dahingestellt, aber sie teilen ihre Selbstzweifel weder in ihrem Reden noch in ihrem Handeln der ganzen Welt mit.

Abschließend zu diesem Thema noch eine wunderschöne Meditationsübung des »Club Positiv«, die ich Ihnen für abends empfehle:

Mit einer Meditationsübung zum positiven Denken können Sie Ihre Eigenmotivation stärken und dadurch eine Widerstandskraft gegen eigene Zweifel sowie Fremdzweifler entwickeln.

»Während du dich schon schlafen gelegt hast, schließe deine Augen und konzentriere dich auf die guten Dinge, Emotionen und Erfahrungen dieses Tages. Durchlebe sie noch einmal in Gedanken ... Akzeptiere sie und dann öffne dich und lass sie gehen ... aus deinem Geist und aus deinem Körper – stelle es dir bildlich vor.
Als Nächstes konzentriere dich auf schlechte Dinge und Emotionen, die du an diesem Tag durchleben musstest ... Schau sie dir an, akzeptiere sie, öffne dich und lass sie aus dir heraus ... aus deinem Geist und aus deinem Körper.
Schließlich konzentriere dich darauf, was du für morgen geplant hast. Deine größeren Ziele und deine kleineren. Male sie dir aus, als ob sie bereits passiert wären. Stell dir vor, wie du sie dir nicht länger wünschst, sondern bereits besitzt, weil sie ja dir gehören. Lass das Gefühl, es haben zu wollen, gehen und stell dir vor, wie dieses Gefühl deinen Körper und deinen Geist verlässt.

Das war's schon. Es sollte nur fünf Minuten oder weniger dauern. Es ist darüber hinaus auch ein toller Weg, sich selbst in den Schlaf zu führen.
Es scheint simpel, aber diese Konzepte und Techniken gehören zur kleinen Liste der mächtigsten Dinge, die du für dich selbst überhaupt tun kannst. Es braucht etwas Übung, falls du dich noch etwas dagegen wehren solltest. Es hängt davon ab, wie sehr du dich mental gegen diese Ideen wehrst und wie viel Zweifel in dir ist.«

Gehen Sie sofort am nächsten Tag zum nächsten Kapitel über, denn die 72 Stunden laufen. Jetzt heißt es Handeln und Loslaufen.

Schritt 9:

Geschafft! Die ersten erfolgreichen Schritte – Den Plan umsetzen, weiterlaufen, Erfolge feiern

In Schritt 7 haben Sie den besten Weg zu Ihrem Ziel definiert, in Schritt 8 die entsprechenden Rahmenbedingungen in Form von Eigenmotivation und einem förderlichen Umfeld geschaffen. Jetzt kann Ihrem Vorhaben nichts mehr im Wege stehen. Schluss mit Planen, endlich loslaufen! Treffen Sie jetzt eine eindeutige Entscheidung. Ziehen Sie jetzt das erste Paar Stöckelschuhe an und streifen Sie die Hemmschuhe für immer ab. Legen Sie ab diesem Moment wiederum binnen 72 Stunden mit dem ersten Schritt auf dem Weg zum Ziel los. Oder entscheiden Sie jetzt, gar nichts zu tun, das ist auch in Ordnung. Aber beenden Sie den Zustand, in dem Sie vor dem Schuhgeschäft-Schaufenster des Lebens vor Ihrem Traumschuh stehen und sich immer wieder fragen: »Soll ich oder soll ich nicht?«

Treffen Sie nun eine eindeutige Entscheidung und beginnen Sie binnen 72 Stunden mit der Umsetzung Ihrer ersten Schritte zum Ziel. Warten Sie nicht mehr, handeln Sie jetzt, laufen Sie los!

Beleben Sie Ihr Ziel nun täglich durch Autosuggestion neu. Visualisieren Sie es vor Ihrem geistigen Auge und versetzen Sie sich täglich in das Gefühl, dass Ihr Ziel schon erreicht sei. Sehen Sie sich mit den hohen Schuhen auf einem Cocktail-Empfang alle Blicke auf sich ziehen und genießen Sie dieses Gefühl. Je mehr es Ihnen gelingt, sich in dieses Gefühl des bereits erreichten Zieles hineinzuversetzen, umso schneller werden Sie es erreichen und umso weniger können potenzielle Hindernisse Sie davon abhalten. Beachten Sie in diesem Zusammenhang auf jeden Fall Ihre Sprachwahl. Sagen Sie nicht: »Ich wünsche mir«, »Ich werde«, sagen Sie immer: »Ich bin …« Das, was Sie erreichen wollen, ist schon da, und es wird jeden Tag größer, schöner, greifbarer.

Sagen Sie Ja zu den neuen Schuhen und eliminieren Sie jeden Zweifel. Setzen Sie jeden positiven Gedanken, jedes positive Etappenziel sofort in die Tat um. Dulden Sie keine Aufschieberitis.

Tragen Sie Ihre Stöckelschuhe nun jeden Tag, wenn auch nur für ein paar Stunden, d.h., arbeiten Sie jeden Tag ein Stück an Ihrem Ziel. Es müssen keine großen Schritte sein. Es ist sehr wichtig, die alten Gewohnheiten loszulassen, und das fällt vielen Menschen schwer, denn sobald die ersten Zweifel aufkommen, haben wir die Hände oft schon am Absatz, um die Schuhe auszuziehen. Aber, liebe Mütter, haben Sie bei Ihrem Kind niemals Zweifel gehabt, ob es die richtige Entscheidung war? Wenn Sie mal wieder eine schlaflose Nacht hatten, wenn die Geschwister sich mal wieder gestritten haben oder Ihre Kinder zum unfreiwilligen Schauspiel auf dem Boden des Supermarkts wurden? Haben Sie da nicht auch manchmal gedacht: »Worauf habe ich mich da nur eingelassen?« Und was haben Sie getan? Das Kind weggegeben? Nein, na also! Und das Gleiche funktioniert auch für Ihre beruflichen und sonstigen Ziele.

Beleben Sie Ihr Ziel täglich durch Autosuggestion, visualisieren Sie es vor Ihrem geistigen Auge, denken und fühlen Sie so, als hätten Sie es schon erreicht. Nutzen Sie die positive Kraft, um sofort ins Handeln zu kommen. Arbeiten Sie nun jeden Tag an Ihrer Zielerreichung.

Verstehen Sie mich nicht falsch: Sie dürfen aufgeben, aber nicht immer und zu jeder Zeit, sondern immer erst, wenn Sie

Ihr Etappenziel erreicht haben. Dies ist eine kleine, aber immens wichtige Einschränkung. Ziehen Sie die Schuhe nicht gleich aus, wenn Folgendes passiert:

a. Das erste Stolpern: Ein Schritt auf Ihrem Weg zum Ziel läuft nicht so rund, z. B. wird ein Kind plötzlich krank oder der Schritt dauert länger als geplant. Behalten Sie die Schuhe trotzdem an, modifizieren Sie vielleicht ein wenig den Weg, den Sie gehen, wählen Sie einen glatteren Untergrund (arbeiten Sie z. B. ein paar Stunden von zu Hause aus oder teilen Sie einen Schritt auf zwei Schritte auf, delegieren Sie), aber behalten Sie die Schuhe an, bis Sie Ihr Ziel für diese Etappe erreicht haben.

b. Jemand sagt: »Solche Schuhe stehen dir aber gar nicht!« Denken Sie in diesem Fall an das vorherige Kapitel. Wen haben Sie hier vor sich? Ist es eine Person, die Ihnen guttut? Ist es vielleicht eine Neiderin, die auch gerne auf Stöckelschuhen laufen würde? Bevor Sie sich einen solchen Kommentar zu Herzen nehmen, gehen Sie mit der Person ins Gericht, die ihn vorbringt, aber nicht mit den Schuhen. Oder noch besser: Schalten Sie auf Durchzug.

c. Sie finden, dass die Schuhe nicht zu Ihrem Kleid passen, sprich: Ihr berufliches Ziel scheint schwer mit der privaten Situation (z. B. der Kinderbetreuung) vereinbar zu sein. In diesem Fall wechseln Sie nicht die Schuhe, sondern das Kleid. Überdenken Sie z. B. erst Ihr Betreuungskonzept, bevor Sie Ihre Ziele über Bord werfen. Vielleicht oder sogar ganz sicher haben Sie etwas übersehen. Das passiert immer, wenn wir planen, und ist völlig normal. Oder waren Sie etwa bei Ihrem Kind auf jede Situation (wie z. B. der erste

Zahn, das erste Fieber etc.) vollständig eingestellt? Waren Sie nicht, aber Sie haben einen Weg gefunden. Sie haben nicht das Kind getauscht, sondern den Umgang damit überdacht. Genauso wenig sollten Sie die Schuhe tauschen.

Entscheidend ist, dass Sie nicht sofort aufgeben, sondern sich das Aufgeben erst zum nächsten Etappenziel erlauben, z. B. bis Sie ein Semester studiert haben oder bis Sie die Probezeit hinter sich haben, bis Sie einen Mindestumsatz erzielt haben etc. Wenn Sie die Etappenziele nicht zu groß gesteckt haben, dauert dies nicht lange, d.h., Sie müssen oft nur noch ein paar Meter gehen, das halten Sie auch mal mit einer Blase am Fuß aus. Wenn Sie dann angekommen sind, dann dürfen Sie das ganze Projekt hinschmeißen, die Schuhe wegwerfen. Würden Sie es dann noch tun? Die Antwort ist oft: Nein. Warum? Weil Sie dann ein Erfolgserlebnis hatten und gesehen haben, dass es ja doch geht. Und trotzdem war der Weg bis zum Etappenziel nur noch sehr kurz. Ein wunderbarer psychologischer Trick, der wenig kostet, aber immens viel bringt.

Ergeben sich auf Ihrem neuen Weg Schwierigkeiten, erlauben Sie sich das Aufgeben erst, wenn Sie das nächste Etappenziel erreicht haben. Auf dem Weg dahin werden Ihnen Lösungen begegnen, und dieses Erfolgserlebnis wird Sie zum Weitermachen motivieren.

Und wenn Sie Ihr erstes Etappenziel erreicht haben, mit Ihren neuen Schuhen die ersten Meter erfolgreich, wenn auch noch etwas wackelig, hinter sich gebracht haben, was geht dann in Ihnen vor? Konservieren Sie die positive Emotion, die an dieser Stelle in Ihnen aufsteigt. Wenn es Ihnen gelungen ist, das Defizit-Denken abzustellen und das positive Denken zu kultivieren, dann feiern Sie diesen Erfolg jetzt. Wenn es Ihnen jedoch nicht gelungen ist, das positive Denken und die Freude zu kultivieren, dann sagen Sie sich jetzt vielleicht: »Das war ja nichts«, »Das hätte ich auch besser machen können«, oder auf unsere Schuhe übertragen: »Da hätte ich doch gleich eine Absatzhöhe überspringen können«, oder: »Da hätte ich ein noch viel besseres Bild abgeben können.« Und hier liegt ein riesiger Selbstbetrug. Statt uns zu freuen, dass wir den Weg bis hierhin geschafft haben, nörgeln wir an uns herum. Wir finden vermeintliche Schwachstellen, Dinge, die wir besser, schneller, schöner, einfacher hätten machen können. Dies sind tödliche Komparative. Vielleicht werfen wir uns auch noch Ungeschicklichkeit oder andere schlechte Eigenschaften vor, damit wir unsere Vorhaben auch richtig töten, nicht nur so halb.

Wenn Sie Ihr erstes Etappenziel erreicht haben, konservieren Sie diese positive Emotion und lassen Sie Defizit-Denken nicht zu. Suchen Sie nicht nach vermeintlichen Schwachstellen oder Fehlern, sondern feiern Sie jeden Schritt.

Womöglich wirft uns auch jemand anders vor, dem wir vom Erreichen unseres Etappenziels stolz erzählen, dass wir das alles viel einfacher hätten haben können. Gerne ist für eine solche Aussage auch der Partner zu haben, der sich hier wieder ein Stück Überlegenheit zurückerkämpfen will. Schließlich sind ihm die Absätze oft nicht geheuer. Was auch immer es ist, was hinter diesem Sich-selbst-Niedermachen oder dem Sich-niedergemacht-Fühlen steht, es hilft uns überhaupt nicht. Im Gegenteil, die Wahrscheinlichkeit ist hoch, dass wir das nächste Ziel gar nicht erst in Angriff nehmen, aus Furcht, der Weg dorthin könnte genauso beschwerlich und mit Fehlern behaftet sein.

Sollten Sie grundsätzlich Zweifel haben, ob Sie auf dem richtigen Weg sind, dann holen Sie Ihren Kalender mit Ihren guten Taten hervor. Trommeln Sie das Ihnen wohlgesonnene Team zusammen, das Sie bei Ihrem Vorhaben unterstützt hat. Haben Sie noch Zweifel, ob Sie wirklich gut sind?

Und sollte in der Umsetzung Ihrer Planungen trotz aller Vorkehrungen etwas nicht nach Plan laufen, ist es wichtig, unser vermeintliches »Versagen« mit einer Prise Humor zu betrachten. Führen Sie sich explizit vor Augen, was Sie bisher alles gut gemacht haben. Gehen Sie weg vom Defizit-Denken hin zum Sich-selbst-Loben.

Liebe Mütter, die Erfolge auf dem Weg zurück in den Beruf, auf dem Weg zu einer besseren Work-Life-Balance, zu mehr Zufriedenheit – oder auf dem Weg wohin auch immer – sind, so klein sie auch sein mögen, nicht selbstverständlich! Genauso wenig wie es selbstverständlich war, die Kinder zu erziehen. Davon hatten wir viel weniger Ahnung und haben es trotzdem gemacht. Wir haben also ein absolutes Recht, sogar eine Pflicht, diesen nicht selbstverständlichen Erfolg, so klein er auch sei, zu feiern. Betrügen Sie sich niemals um dieses Feiern Ihres Erfolgs. Das Mindeste ist es, ihn zur Kenntnis zu nehmen, schriftlich unter unseren täglichen guten Taten zu dokumentieren (Sie denken ja noch daran, jeden Tag Ihre positiven Ergebnisse aufzuschreiben, oder?).

Feiern Sie Ihre Erfolge, denn sie sind nicht selbstverständlich. Dokumentieren Sie weiterhin täglich Ihre guten Taten. Und belohnen Sie sich unbedingt, wenn Sie ein Etappenziel erreicht haben.

Aber das Aufschreiben reicht oft nicht aus. Gehen Sie weiter! Denken Sie sich für jedes Etappenziel eine Belohnung aus: Ein romantisches Abendessen mit dem Partner, ein Frauen-Wochenende, schicke Klamotten, ein Kinoabend, was auch immer Ihnen einfällt und Spaß macht. Beim Erreichen Ihres ersten Etappenzieles sollten Sie Ihren Zielplan um die Spalte »Meine Belohnung« ergänzen; siehe Arbeitsblatt 17 im Anhang. Wenn Sie sich um die Belohnung betrügen, wird Ihre Motivation, den nächsten Schritt anzugehen, ungleich geringer sein und Sie werden eventuell beim ersten Straucheln ganz einknicken.

Lassen Sie sich im Folgenden von den Frauen in diesem Buch im Hinblick auf die Belohnung inspirieren.

Annette, 41 Jahre, Senior Consultant, zwei Kinder (elf und neun Jahre)

Ich liebe es, mit meinen Freundinnen, die ebenfalls Beruf und Familie vereinen müssen, abends einfach auszugehen. Man hat sich so unheimlich viel – auch abseits der Kinderthemen – zu erzählen. Und man muss sich nicht ständig rechtfertigen. Vor allem nicht drüber, dass einem der Beruf auch wichtig ist und man die dort anstehenden Aufgaben auch mal jenseits der normalen Arbeitszeit, noch abends oder nachts, erledigt. Es ist halt so, wenn man neue spannende Aufgaben bekommt. Das genieße ich wirklich.

Anja, 43, Head of Planning bei einer Werbeagentur in Teilzeit (80%), ein Kind (sieben Jahre)

Ich gönne mir – zusätzlich zu kleinen Belohnungen zwischendurch, wie Kosmetikbehandlung, Yoga oder ein schickes Abendessen – einmal im Jahr eine große Belohnung für meine Leistungen als berufstätige Mutter. Dann fahre ich ohne meine Familie in den Urlaub. Die Art des Urlaubs ist unterschiedlich: Vom Wellness-Urlaub allein über ein Wochenende mit Freunden in den Bergen bis hin zu einer organisierten Trekkingtour auf den Kanaren. Diese Zeit ist – auch wenn ich meine Familie dann sehr vermisse und es für meinen Mann zusätzlicher Stress ist – eine wunderbare Erholung nur für mich. Es hilft mir, mich einmal wieder komplett auf mich und meine Bedürfnisse zu konzentrieren, nach meinem Rhythmus zu leben und genau das zu tun, was mir Spaß macht. In dieser Zeit ist mein Sohn entweder bei meinem Mann oder bei Oma und Opa. Danach fühle ich mich aufgetankt und freue mich wieder sehr auf meine Familie. Letztendlich haben also alle etwas davon: Ich habe wieder mehr Energie und Positivität, die ich dann auch in die Familie hineingebe.

Linda, 46 Jahre, Diplombetriebswirtin und Marketing-Freelancerin, zwei Kinder (elf und acht Jahre)

Das Feiern von Erfolgen mag für manche wohl sehr wichtig sein, ich habe jedoch die Erfahrung gemacht, dass es für mich noch motivierender ist, diese Art von Erfolgsfeiern regelmäßig in den Alltag zu integrieren, auch wenn gerade kein großer, sondern vielleicht nur eine Sammlung kleiner Erfolge begangen werden kann. Dies kann im Einzelfall so aussehen, dass ich mir zwischen Terminen mal Zeit nehme für eine kurze Shopping-Tour, mich mit Freundinnen auf einen Kaffee oder ein Mittagessen verabrede oder für eine Stunde zum Joggen in den Wald gehe. Diese Fluchten vom Alltag sind wichtig, da sie die Batterien wieder aufladen und eine Art Belohnung für den manchmal allzu anstrengenden Alltag sind. Sich kleine regelmäßige Auszeiten zu nehmen, empfinde ich für mich wesentlich motivierender, als nur die großen Erfolge zu feiern.

Evelyn, Diplom-Kauffrau und Sprachtrainerin, zwei Kinder (acht und elf Jahre)

Ich habe mir vorgenommen, mir einmal im Jahr ein Seminar zu gönnen, in den Bereichen, in denen ich mich verbessern möchte. So schlage ich zwei Fliegen mit einer

Klappe: Ich habe ein Wochenende ganz für mich alleine und profitiere nebenbei beruflich.

Ilona, 52 Jahre, heute selbständige Trainerin, drei Töchter (23, 27 und 30 Jahre), eine Enkeltochter (drei Jahre)

In meinem Leben gab es so viele fundamentale Veränderungen, ich habe mich Stück für Stück zu meinem Traumjob vorwärtsgearbeitet, drei Kinder großgezogen. Ich habe mich nie dafür belohnt, daher schrie es jetzt in mir nach einer großen Belohnung. Als die schlimmsten Wirren vorbei waren, flog ich ganz bewusst ganz alleine für zehn Tage nach New York. Das war schon immer ein großer Traum von mir gewesen, den ich nie aus den Augen verloren hatte. Mein Ex-Mann wollte nie verreisen. Ich war so befreit und glücklich, hatte kein schlechtes Gewissen mehr und auch meine Kinder freuten sich riesig für mich. Hier an diesem Punkt in meinem Leben wollte ich ein Zeichen setzen. Ich ging in ein Tattoo-Studio in New York (ganz alleine) und ließ mir einen winzig kleinen Fisch (mein Sternzeichen) an eine Stelle tätowieren, die niemand sehen kann, außer ... Heute erinnert er mich immer daran: Wenn man nur will und an sich glaubt, dann kann man alles schaffen.

Für viele Frauen ist die langfristige Betrachtung dessen, was sie bereits erreicht haben, ernüchternd. Gerade Frauen, die das Glas eher als halb leer ansehen, kämpfen oft damit, über einen langen Zeitraum Bilanz zu ziehen. Sie haben dann die

Tendenz, die guten und die schlechten Tage in die Waagschale zu werfen, und sobald sie feststellen, dass die schlechten Tage überwiegen, wollen sie ihr Projekt »Stöckelschuh« an den Haken hängen. In diesem Fall ist es wichtig, aufzuschreiben, was nicht so gut gelaufen ist und wie Sie dies in Zukunft ändern bzw. vermeiden können. Nehmen Sie auch hier Ihnen wohlgesonnene Freunde oder Experten (wie z. B. Coaches) zur Hilfe, die Ihnen vielleicht ein paar Ideen liefern können. Oft sind wir in unseren alten Verhaltensmustern so festgefahren, dass wir die Lösung nicht selbst entwickeln können. Erst wenn Sie bei der nächsten Panne probiert haben, eine neu entwickelte Lösung umzusetzen, und es auch dann noch nicht zu Ihrer Zufriedenheit funktioniert, können Sie immer noch eine komplette Kurskorrektur vornehmen. Zum Thema »Kurskorrektur« kommen wir noch im nächsten Kapitel.

Wenn Sie über einen längeren Zeitraum Bilanz ziehen und feststellen, dass die »schlechten Tage« überwiegen, suchen Sie sich Hilfe bei Freunden oder Experten.

Eine andere schöne Übung ist auch, sich den »perfekten Tag« vor Augen zu führen. Wenn Sie auf Ihrem Weg zu den Stöckelschuhen bereits fortgeschritten sind, dann haben Sie sicher einen Tag erlebt, an dem alles perfekt gelaufen ist. Sie sind grazil über jedes Hindernis geschwebt, andere haben Ihnen bewundernd nachgeschaut und Sie fühlten sich wie im siebten Himmel.

Am Ende eines solchen Tages sollten Sie Ihren Kalender mit einem Tagebucheintrag füllen. Schreiben, malen oder basteln Sie vor allem Ihre Emotionen an diesem Tag in Ihren Kalender oder auf ein separates Blatt. Diese können Sie immer wieder hervorholen, wenn Ihnen Zweifel kommen. Sie wissen dann, dass es auch anders geht, dass es den perfekten Tag gab und dass es ihn auch wieder geben wird. Versuchen Sie ruhig, einmal pro Woche diesen perfekten Tag zu erleben. Tun Sie

Feiern Sie wöchentlich den »perfekten Tag« und beschreiben Sie ihn ausführlich in Ihrem Kalender. Bei Zweifeln können Sie jederzeit diese Aufzeichnungen hervorholen und sich an diese Glücksmomente erinnern.

alles dafür, um ihn nicht selbst zu zerstören. Zerstören Sie ihn vor allem nicht mit Ihrem Kopfkino, sprich Ihren negativen Gedanken.

Dieses Phänomen habe ich leider oft beobachtet, dass Mütter sich den perfekten Tag selbst zerstören. Den ganzen Tag sind sie auf den hohen Absätzen gelaufen und abends sagen sie dann: »Schrottschuhe, die sind bestimmt nicht gesund für meine Füße«, und sie blenden komplett aus, wie toll sie damit aussahen. Das optische Bild weicht einer haltlosen Hypothese, denn sicher sind nicht alle hohen Absätze schlecht für die Füße, wenn man nicht gerade 24 Stunden darauf herumläuft.

Übertragen auf Ihr Leben kann das heißen, dass Sie z. B. folgenden perfekten Tag hatten: Das von Ihnen vorgeschlagene Projekt hat den Zuschlag bekommen, Ihr Chef hat Sie gelobt und Ihre Kinder haben Sie am Abend mit einem einträchtigen Strahlen empfangen, sie haben den Tisch mit in der Natur gesammelten Kunstwerken dekoriert, waren gesund, haben gemeinsam ein neues Spiel erfunden, haben sich nicht gestritten und Ihnen gesagt, dass Sie toll aussehen (je älter die Kinder sind, umso eher kann dies in der Tat passieren). Sie schweben auf Wolke sieben, und wenn Ihre Kinder dann im Bett sind und friedlich mit einem Lächeln auf dem Gesicht schlummern, überkommt Sie plötzlich dieses Gefühl, dass Sie viel zu viel von Ihren Kindern verpassen, dass Sie gerne dabei gewesen wären, als sie heute so einträchtig zusammen gespielt haben.

Jetzt haben Sie Ihren perfekten Tag selbst zerstört. Wer sagt denn, dass er genauso verlaufen wäre, wenn Sie da gewesen wären? Ich halte dies für unwahrscheinlich. Wären Ihre Kinder denn abends genauso glücklich auf Sie zugestürzt, wenn Sie nicht weg gewesen wären? Hätten Sie vielleicht etwas mit Ihren Kindern gespielt und die Kinder hätten sich gar nicht alleine beschäftigen müssen? Aber sie hätten somit auch gar nicht die tolle Idee des Babysitters in die Tat umgesetzt. Es ist selbstzerstörerisch, sich diese Glücksmomente (auch wenn Sie am Abend manchmal zugegebenermaßen kurz sind) durch »Was wäre gewesen, wenn«-Szenarien zu zerstören. Und es ist wenig zielführend. Genießen Sie also, was ist, und holen Sie nicht, wenn alles perfekt ist, das schwarze Tuch aus Ihrer gedanklichen Glaubenssatz-Kiste und decken Sie alles Schöne damit zu.

Zerstören Sie diese Glücksmomente nicht selbst, indem Sie sie »tot zweifeln«. Fallen Sie nicht zurück in das Defizit-Denken.

Schritt 10:

Maßgeschneidert! Das ultimative Schuhmodell – Die Feinsteuerung der eigenen Pläne

Auf dem Weg zu Ihrem Ziel werden Sie immer wieder feststellen, dass es Schritte gibt, die relativ einfach durchzuführen sind und Sie gefühlt Ihrem Ziel ein großes Stück näher bringen. Bei anderen Schritten fragen Sie sich, ob diese Sie überhaupt weitergebracht haben. Manche enden sogar in einer Sackgasse. Oder auf unsere Schuhe übertragen: Es gibt Modelle, die einen großen Trainingseffekt für das ultimative Modell haben, es gibt aber auch Modelle, die Sie eventuell sogar beim Laufenlernen auf hohen Schuhen zurückwerfen. Es gibt Tage, da laufen Sie super auf Ihren hohen Absätzen, es gibt Tage, da stolpern Sie.

Analysieren Sie Ihren bereits zurückgelegten Weg: Welche Etappenziele waren für Ihr Endziel förderlich, welche weniger oder sogar hinderlich? Treten Sie nun in die Feinsteuerung ein und modifizieren Sie Ihre Etappenziele oder Schritte.

Wichtig ist, dies nicht einfach geschehen zu lassen. Alle zwei bis drei Etappenziele sollten Sie sich die Zeit nehmen, sorgfältig zu prüfen, inwieweit Sie diese Etappe Ihrem Ziel näher gebracht hat. Dazu sollten Sie sich folgende Fragen stellen:

1. Bin ich meinem Endziel gefühlt ein großes Stück näher gekommen? Wenn ja, warum? Wenn nein, warum nicht?

2. Welche Etappe hat mich besonders nah an mein Endziel gebracht bzw. mir das größte Fortschrittsgefühl gegeben?

Gibt es in der Zukunft eine ähnliche Etappe, die ich vorziehen kann, damit ich psychologisch das Gefühl habe, schon ganz weit zu sein?

3. Welche Etappe hat mir gar keinen Fortschritt bzw. eher einen Rückschritt gebracht? Woran lag das? Durch welche andere Etappe kann ich sie ersetzen? Hier können Sie Ihre Mindmap hinzuziehen, auf der Sie unterschiedliche Wege zur Zielerreichung alleine oder idealerweise in einer Gruppe erarbeitet haben.

4. Wo ist mein schlechtes Gefühl durch die Struktur meiner Etappen entstanden? Wo ist es durch äußere Einflüsse entstanden, die nicht regelmäßig auftauchen bzw. unvorhersehbar waren?

Durch die Beantwortung dieser Fragen steigen Sie gezielt in die Feinsteuerung ein. Oft begehen wir den Fehler, dass wir, sobald eine Etappe wenig oder gar nicht zum Ziel führt oder schlimmstenfalls sogar vom Ziel wegführt, das komplette Ziel in Frage stellen oder über den Haufen werfen. Hier würden Sie das Kind mit dem Bade ausschütten. Sie haben so viel Zeit darauf verwendet, dieses Ziel zu formulieren, Ihre Vision zu bauen, sich positiv zu motivieren. Es wäre doch zu schade, das einfach so hinzuwerfen, nur weil ein einziger Schritt nicht weitergeführt hat. Gehen Sie also zurück zu Ihrem leuchtenden Zielbild und reaktivieren Sie es!

Übertragen auf unsere Stöckelschuh-Analogie heißt dies: Sie haben ein Modell angehabt, mit dem Sie wirklich nur gestolpert sind, dabei war der Absatz nicht einmal so hoch, aber der Halt in den Schuhen war einfach schlecht, die Schuhform passte nicht optimal zu Ihrem Fuß. Oder der Untergrund war für diese Schuhe nicht optimal. Die Schlussfolgerung ist jetzt sicher nicht: »Nie wieder Stöckelschuhe!«, oder? Vielmehr sollte doch die Frage sein: Welches Modell ist denn für mich bequemer, welches passt sich meinem Fuß, sprich meinen Anforderungen, besser an? Welcher Schritt ist für meine Ansprüche der bessere? Und dieser Schritt ist nicht bei allen Frauen gleich, genauso wenig wie jeder Frau jedes Modell passt. Stellen Sie Ihr gewünschtes Schuhmodell in Form Ihres Endziels auf einen Sockel, lassen Sie es strahlen und überlegen Sie, wie Sie es vielleicht doch schaffen können, darauf zu laufen! Vielleicht müssen Sie auch einfach nur ein bis zwei andere Modelle dazwischenschieben, bevor Sie bei dem finalen Modell landen.

Für Kurskorrekturen können Sie sich Freunde oder Experten zur Hilfe nehmen. Schauen Sie auch Ihre Mindmaps noch einmal an, eventuell haben Sie bei Ihrer Auswahl der Etappenziele Schritte ausgeschlossen, die Sie nun besser zum Ziel führen könnten?

Wenn Sie alleine nicht vorwärtskommen, holen Sie sich Hilfe von Ihren wohlgesonnenen Freunden, Bekannten oder von einem professionellen Coach. Kramen Sie auch die Mindmaps noch einmal hervor und überlegen Sie, welche Punkte, die Sie damals ausgeschlossen haben, eventuell besser zum Ziel führen können. Aber verlieren Sie das Ziel nicht aus den Augen. Viele Frauen mussten auf dem Weg zu ihrem Ziel Kurskorrekturen vornehmen. Dafür gibt es kein Patentrezept. Es gibt nur unzählige Beispiele, die Sie im Folgenden lesen können. Was Sie selbst konkret tun können, ist sicher nur im Einzelfall zu entscheiden. Die Analysefragen aus dem ersten Abschnitt dieses Kapitels können bei diesem Denkprozess helfen.

Schauen Sie sich vor allem nicht stundenlang an, was Sie nicht erreicht haben. Lassen Sie nicht den peinlichen Moment vor Ihrem geistigen Auge auf und ab gehen, in dem Sie mit dem Absatz in einem Grünstreifen stecken geblieben sind. Schauen Sie lieber auf das, was Sie daraus lernen können: Auf weichem Untergrund nie den Absatz aufsetzen! Und wenn Sie nichts daraus lernen können und es in die Kategorie »höhere Gewalt« einstufen, dann lassen Sie es in dieser Kategorie und denken Sie nicht weiter darüber nach. Sie können es nicht ändern, wenn es draußen regnet und die Straße rutschig ist. Schauen Sie auf die Meter, die Sie auf Ihren hohen Absätzen ohne Straucheln gelaufen sind, und nicht auf die Meter, die wackelig waren. Unebene Straßen wird es immer geben, das Wichtigste ist, nicht vor ihnen zu kapitulieren. Denken Sie daran, dass positives Denken Ihnen Rückenwind gibt, negatives Denken Gegenwind.

Hören wir uns unsere Frauen an, wie sie optimistisch bleiben, wenn es mal nicht so läuft, und wie sie ihren Kurs korrigiert haben.

Linda, 46 Jahre, Diplombetriebswirtin und Marketing-Freelancerin, zwei Kinder (elf und acht Jahre)
Ich denke, dass man beim Hinarbeiten auf seine Ziele ständig flexibel bleiben sollte und den Kurs immer anpassen muss, man sein wahres Ziel jedoch nie aus den Augen verlieren sollte. Dies trifft umso mehr zu, wenn man nicht mehr als Single lebt, sondern in einer Familiengemeinschaft mit Ehemann und Kindern und dadurch die verfolgten Ziele von vielen externen und internen Faktoren beeinflusst werden.

Mein persönliches Beispiel: Als Single hatte ich einen Job, der mich zum Teil bis zu 80 Stunden die Woche beschäftigte und der mit Budget- und Personalverantwortung sowie vielen Reisen verbunden war. Als ich Kinder bekam, war mir klar, dass ich diese Art von Leben künftig nicht mehr würde führen wollen und ich mir eine neue Herausforderung suchen werde, die ich zeitlich flexibler gestalten kann und die mit weniger Reisetätigkeit verbunden ist, aber mir trotzdem Gestaltungsspielraum gibt, der mir so wichtig war. Mein Ziel war: Mehr Zeit für die Familie zu haben, mehr Zeit für mich und einen Job, in dem ich gestalten kann. Nach vielen Überlegungen und Recherchen habe ich mich für das Modell der freien Berufstätigkeit (Freelancer) entschieden. Das heißt, ich kann mir meine Arbeit meistens frei einteilen, meinen Auftraggebern rechtzeitig mitteilen, wenn ich aufgrund der Schulferien Urlaub nehmen muss, meine Aufträge selbst strukturieren und endlich wieder gestalten. Gleichzeitig kann ich meine Arbeit zum Teil von zu Hause, abends oder am Wochenende erledigen. Durch den Wegfall der Budget- und Personalverantwortung ist zusätzliche Last von mir genommen und die zumeist planbare »freie« Zeit kann ich mit der Familie genießen. Aber auch in der Selbständigkeit gibt es stressigere Phasen und Reisen lassen sich nicht verhindern. So ganz »free« ist Freelance dann auch nicht. Ich bin aber drangeblieben, habe die Kinder bei den Großeltern oder Freunden untergebracht oder eine Kinderfrau engagiert. Als die Kinder noch jünger waren, waren sie öfter einmal krank, und ich musste meinen Kurs weiter korrigieren und mir ein gut funktionierendes soziales Netzwerk aufbauen. Hierfür habe ich mir eine Kombination von Tagesmutter, Kinderfrau und Babysittern

gesucht, wobei bei der Personenauswahl die zeitliche Flexibilität der Betreuung ein maßgebliches Auswahlkriterium war. So hatte ich das Glück, eine Kinderfrau zu finden, die nicht nur spontan an jedem Wochentag zu uns nach Hause kommen konnte, sondern deren Flexibilität sich auch mal auf eine längere Nachtschicht ausweiten ließ. Meine Kinder haben einen langen Schulweg und es kamen mehr und mehr außerschulische Aktivitäten dazu. Durch die Organisation von mehreren Fahrgemeinschaften für die Schulwege und zu außerschulischen Aktivitäten konnte ich zusätzlich Zeit gewinnen.

Linda musste an verschiedensten Stellen gegensteuern und ihre Pläne anpassen. Viele Frauen hätten das Arbeitsmodell des Freelancers vielleicht hingeworfen, weil es sich zeitlich als zu unberechenbar erweist. Linda hat einfach das Betreuungskonzept umgestellt. Und sobald die nächste Fragestellung kam, der Schulweg, hat sie wieder gegengesteuert. Es ist oft ein langer Weg, bis Sie alle Eventualitäten abgebildet haben. An jeder Ecke kann der Untergrund, auf dem Sie laufen, plötzlich uneben, schwierig und unberechenbar werden. Bleiben Sie gelassen! Und sehen Sie die Herausforderungen als Training an. Behalten Sie Ihr Ziel im Auge und gehen Sie auf Ihren hohen Schuhen weiter. Irgendwann kennen Sie den Weg, dann sind alle Faktoren abgedeckt und Sie können sich wieder mehr auf sich konzentrieren und nicht auf den Untergrund.

Möglicherweise müssen Sie an mehreren Stellen gegensteuern, behalten Sie dabei stets Ihr Ziel im Auge, sehen Sie den Prozess des Gegensteuerns als Sport an und denken Sie optimistisch.

Claire, 42 Jahre, Marketing-Leiterin einer Fluggesellschaft, ein Sohn (neun Jahre)

Nach eineinhalb Jahren Baby-Pause, als ich wieder arbeiten wollte, habe ich meinen Arbeitgeber rechtzeitig kontaktiert. Die Gespräche waren sehr angenehm und ich dachte, ich werde wie gewünscht mit ca. 15 Stunden/Woche (zwei volle Tage/Woche) wieder einsteigen können. In dem Gespräch ist mir jedoch klar geworden, dass ich mit dieser Arbeitszeit mein Ziel, einen anspruchsvollen Job zu haben, nicht verwirklichen konnte. Der Tenor des Gesprächs war: Entweder ich bin bereit, 30 Stunden pro Woche zu arbeiten, oder ich verliere meinen Job (ohne Abfindung). Ich habe überlegt, dass ich eigentlich nichts zu verlieren hatte, wenn ich das »Angebot« akzeptiere und ggf. nach einem Monat kündige. Es war zwar nicht mein präferierter Weg, aber einen Versuch war es wert. Es ist viel besser gelaufen, als ich dachte: Die Tagesmutter meines Sohnes war sehr lieb und flexibel und er hat sich bei ihr sehr wohlgefühlt.

Ich habe mittlerweile Karriere bei dieser Firma gemacht und arbeite nun Vollzeit mit Laptop (d.h. teilweise zu Hause).

Meine Erfahrung als Ausländerin in Deutschland: Es gibt einen sehr großen Druck, als Mutter zu Hause zu bleiben und seine Arbeit wegen der Kinder aufzugeben. Es geht von Bemerkungen von »Freundinnen«, Nachbarn bis hin zu konkreten Schwierigkeiten, den Alltag entsprechend zu organisieren (da keine guten Betreuungsstrukturen vorhanden sind). Wenn ich nicht andere Beispiele (meine Schwester und Freundinnen in

Frankreich, die mit zwei oder drei Kindern arbeiten) und die Unterstützung meines Mannes gehabt hätte, hätte ich wahrscheinlich mein Ziel aufgegeben. Aber ich habe nie aufgehört, alternative Wege zum Ziel zu finden und auch mal nach rechts und links zu schauen, was andere machen, die vielleicht nicht in meinem direkten Umfeld sind. Ich wohne seit fast 14 Jahren in Deutschland und die Denkweise der Frauen ist der einzige große Unterschied zu Frankreich, den ich erkennen kann (neben Croissants und Baguettes :-)).

Das Beispiel von Claire zeigt zum einen erneut, wie oft wir unsere Ziele nicht selbst machen, sondern »machen lassen« – von gesellschaftlichen Normen und weil andere es so von uns erwarten. Umso wichtiger ist es, noch einmal zu betonen, dass es hier um uns selbst geht – und um das, was wir wirklich wollen, und nicht um die Sichtweise vieler Frauen in Deutschland, die Claire so fremd vorkam.

Das Beispiel von Claire demonstriert auch noch einmal, wie wichtig es ist, ein Ziel nach seinen Wünschen auszurichten und nicht nach seinen eigenen vermeintlichen Limitationen. Hätte sie ihr Ziel formuliert, in Teilzeit arbeiten zu wollen (was ihre eigene Limitation war), wäre sie nicht da, wo sie jetzt ist. Das etwas großzügig formulierte Ziel hat ihr die Möglichkeit gegeben, sich auf etwas einzulassen, was sie ursprünglich nicht vorhatte, was sich aber auch als Weg zum Ziel entpuppt hat. Sie musste von ihrer ursprünglichen Idee (Teilzeit) abrücken, hat aber etwas komplett Neues gefunden.

Erinnerung: Fokussieren Sie bei der Formulierung Ihrer Ziele auf das Wesentliche und legen Sie sich nicht auf Durchführungs-szenarien fest.

Daher noch einmal mein Rat: Fokussieren Sie bei der Formulierung Ihrer Ziele auf das Wesentliche und legen Sie sich nicht auf Durchführungsszenarien fest, wie z. B. das Arbeitszeitmodell.

Anne, 36 Jahre, früher Produktmanagerin, jetzt auf dem Weg in die Selbständigkeit, zwei Kinder (zwei Jahre, vier Monate)

Nach einem Jahr Elternzeit hatte ich endlich mein Ziel erreicht, wieder zu meiner alten Firma zurückzugehen, wenn auch auf eine Teilzeitstelle in einer Stabsfunktion. Mir war wichtig, dass ich mich kreativ einbringen kann, und das war in einer Expertenfunktion eher gegeben als in der Linie. Nach nur drei Monaten im Job war ich schon wieder schwanger – zwar gewollt (das war das zweite Ziel), aber überraschend schnell. Diesmal habe ich den Mut entwickelt, mich mit meiner kreativen Seite selbständig zu machen. Ich habe mir den Rückkehrstress in den alten Job genommen und arbeite am Aufbau meiner Selbständigkeit, in der ich sicher noch viel mehr meine Kreativität ausleben kann als in einem Großkonzern.

Anne hat ihren Kurs durch das zu dem Zeitpunkt unvorhergesehene zweite Kind komplett korrigiert. Ihr Ziel, einen kreativen Job zu haben, kann sie auch anders verwirklichen als beim alten Arbeitgeber – anders, vielleicht sogar besser. Bei der Rückkehr nach dem ersten Kind war sie noch in ihren alten Glaubenssätzen gefangen, so sein zu müssen wie die anderen. Beim zweiten Kind war sie schon einen Schritt weiter. Sie hatte ihren neuen Glaubenssatz »Ich bin so, wie ich bin!«

verinnerlicht und jetzt genug Mut, andere Wege zu gehen. Für Anne war diese Kurskorrektur immens wichtig, sie war mittlerweile weit genug, es nicht als Versagen zu werten, wie sie es früher getan hätte. Je mehr sich unsere neuen Glaubenssätze verfestigen, umso mehr müssen wir oft sogar unseren Kurs korrigieren. Oft war nämlich unser erster Schritt noch nicht weit genug. Ist es nicht toll zu sehen, wie wir unseren alten Schuhen mehr und mehr entwachsen?

Annie, 47 Jahre, Customer Support Managerin, zwei Kinder (18 und 19 Jahre)

Ich wollte ab dem Monat September, wenn meine Söhne aus dem Haus sind, wieder einen Vollzeit-Job. Mir war klar, dass ich in der Zeit des Abiturs für sie da sein wollte, danach würden sie weg sein und ich wollte einfach die letzten Tage genießen. Ich habe auf Stellenanzeigen geantwortet. Und wie der Zufall es will, war mein Traumjob frei, aber ab sofort und Vollzeit. Das war mir viel zu früh, aber der Job gefiel mir. Ich hatte den richtigen Job zum falschen Zeitpunkt. Also habe ich es gewagt, zu verhandeln: Ich habe angeboten, in den ersten vier Monaten in Teilzeit und so viel wie möglich von zu Hause aus zu arbeiten und dann ab September in Vollzeit überzugehen. Ich habe dem Arbeitgeber meine Motivation ganz ehrlich geschildert, was ich früher nie gemacht hätte, aus Angst, unprofessionell zu wirken. Und es hat funktioniert.

Annie war die Teilzeitregelung sehr wichtig. Sie brauchte die letzten sechs Monate mit ihren Söhnen, da sie wusste, dass diese Zeit nie zurückkehrt. In diesem Fall ist das

Arbeitszeitmodell wirklich das erklärte Ziel gewesen, Annie hätte eher den Job sausen lassen. In ihrer Etappenplanung kam aber das Verhandeln mit dem Arbeitgeber ursprünglich gar nicht vor. Darauf hat sie sich spontan eingelassen.

Lassen Sie bei der Wahl Ihrer Schritte zum Ziel Zufall und Spontaneität walten. Ein vermeintliches Hindernis kann auch eine neue Chance sein.

So wichtig es sein kann, seine Wünsche und Forderungen klar zu kommunizieren und auch ein gewisses Risiko dabei einzugehen, genauso sinnvoll ist es manchmal auch (wie die Beispiele von Anne und Annie zeigen), bei der Wahl der Schritte zum Ziel ein wenig Zufall und Spontaneität walten zu lassen. Wie die folgende Geschichte zeigt, merken wir manchmal gar nicht, dass wir dem Ziel ein Stück näher kommen.

Der einzige Überlebende eines Schiffbruchs wird von den Wellen an einer kleinen einsamen Insel angespült.

Einsam und entmutigt betet er alle Tage darum, aus seiner Lage errettet zu werden. Aber der Horizont ist nichts als eine blaue, trostlose Linie ...

Um nicht des Hungers zu sterben, geht der Mann auf die Jagd. Um sich vor der Witterung zu schützen, beschließt er, mit den trockenen Blättern einer Bananenstaude eine Hütte zu bauen.

Nach einer Woche emsiger Arbeit ist es ihm gelungen, eine einigermaßen haltbare Hütte zu errichten.

Stolz auf sein Werk bricht er zur Jagd auf. Auf seiner Pirsch überrascht ihn jedoch ein furchtbares Unwetter, sodass er mit allen Kräften zu seiner Schutzhütte rennt.

Aber zu spät! Ein Blitz hat sie getroffen, und sie brennt lichterloh.

Der Mann kniet voller Verzweiflung am Strand und schreit in seiner Not: »Mein Gott, wie konntest du mir das antun?« Halbtot vor Müdigkeit und Zorn schläft er im Sand ein.

Früh am nächsten Morgen wird er von einem dumpfen Geräusch geweckt. Er springt auf. Ein großes Schiff nähert sich seiner Insel! Und so wird er gerettet. Als er auf dem Schiff Richtung Heimat fährt, fragt er den Kapitän:

»Woher wussten Sie, dass jemand auf dieser Insel war?«

»Wir haben die Rauchsignale gesehen.«

Das Leben konfrontiert uns täglich mit einer Reihe hervorragend getarnter Chancen in Situationen, die ausweglos erscheinen. Ein Stein auf unserem Weg kann ein Hindernis sein. Aber auch eine neue Chance …

Lassen Sie diese Chancen in Ihr Leben, auch wenn Sie zunächst den Zusammenhang zum Ziel nicht sehen. Es ist besser, die Chancen hereinzulassen, als konsequent alles abzulehnen. Auf unsere Stöckelschuhe übertragen heißt das: Plötzlich stehen Sie mit Ihren Schuhen vor einem Weg, den Sie für nicht geeignet halten, um mit dem Schuhwerk ans Ziel zu gelangen. Der Weg ist eventuell steinig und Sie sehen noch nicht einmal, ob er zum Ziel führt. Aber um auf die geteerte Hauptstraße zu kommen, müssten Sie jetzt meterweit zurückgehen. Probieren Sie es einfach aus: Gehen Sie den Weg. Das heißt nicht, dass Sie planlos jeden Weg nehmen sollten, auch wenn Sie wissen, dass er nicht zum Ziel führt. Aber sobald Sie glauben, er könnte eventuell zum Ziel führen, sollten Sie ihn ausprobieren. Hier kommt Ihre Intuition ins Spiel, die Sie bei allem analytischen Planen nicht vernachlässigen sollten. Notfalls können Sie immer noch ein Stück barfuß gehen und hinterher die Stöckelschuhe wieder anziehen.

Verlassen Sie sich auf Ihre Intuition und probieren Sie auch unsichere Wege aus. Auch Umwege können zum Ziel führen. Analysieren Sie noch einmal Ihren zurückgelegten Weg: Wo haben Zufall und Intuition eine Rolle gespielt?

Vielen Frauen passiert dies, wenn die Kinder noch sehr klein sind und manche Dinge vermeintlich gar nicht funktionieren. Dies zeigt auch das folgende Beispiel:

Ulrike, 45 Jahre, Investmentbankerin, zwei Kinder (elf und zehn Jahre)

Es war für mich immer klar, dass ich wieder in den Beruf einsteigen will. Bevor ich Schlag auf Schlag innerhalb eines Jahres meine beiden Kids bekam, war ich Gruppenleiterin eines weltweit aufgestellten Teams mit mehr als 20 Leuten im Investment Banking, mit Mitarbeitern in Asien, New York, London, Paris und Frankfurt sowie weltweiter Kundengruppenverantwortung. Ich saß jede Woche im Flugzeug und habe viel Zeit in Hotels und an Flughäfen verbracht! Mit einem Mann, der auch im Investment Banking war und nie vor 19.30 Uhr nach Hause kam, war es klar, dass ich diejenige sein würde, die das Thema »Kinder« alleine zu stemmen hatte.

Ich habe pro Kind ein Jahr Erziehungsurlaub genommen, war also zwei Jahre komplett zu Hause. Etwa vier Monate vor meinem Wiedereinstieg hat die Bank mir einen wirklich gleichwertigen Leitungsjob für ein Schwesterteam angeboten, aber ich wusste genau, dass ich weder

Vollzeit arbeiten konnte (in diesem Job locker 60 Stunden) noch das Reisen organisieren konnte. Ich habe keinen Weg gesehen, an dieser Stelle zum Ziel zu kommen. Mein Ziel war definitiv, wieder da einzusteigen, wo ich vorher war. Ich war drauf und dran, das Ziel aus den Augen zu verlieren.

Dann sprach mich der Betriebsrat an. Sie brauchten unbedingt jemanden, der das Investment Banking kannte, weil das für alle Betriebsratsmitglieder ein fremder Bereich war. Ich habe mich nach langem Zögern dafür entschieden, als freigestellte Betriebsrätin zu kandidieren. Mein Gefühl sagte mir zwar, dass dies nicht meine Welt ist, aber es sagte mir auch, dass dies vielleicht ein Weg zurück zum Ziel sein kann. Es brachte mir einen Zeitgewinn. Ich wurde gewählt und habe das eine Amtsperiode (vier Jahre) lang gemacht. 30-Stunden-Woche mit Stechkarte – das erste Mal in meinem Leben! Das war eine ganz andere Welt. Es war unglaublich interessant und ich habe viel gelernt (Arbeitsrecht, Organisation der Bank, Einblick in andere Abteilungen etc.). Meine beiden Gefühle haben mich nicht getäuscht: Es war nicht meine Welt, ich war einfach zu unterschiedlich im Vergleich mit den anderen Kollegen. Und so bin ich ein halbes Jahr vor Ablauf der Amtsperiode zu dem damaligen Vorstand gegangen und sagte, dass ich zurück in die Abteilung möchte. Er und meine guten Beziehungen über die lange Betriebszugehörigkeit haben mir geholfen, weiterhin in Teilzeit mit einer Vier-Tage-Woche (o.k., plus viel Blackberry am freien Tag), also 40 Stunden an vier Tagen, in das Investment Banking zurückzukehren. Auch mein zweites Gefühl hat

mich nicht getäuscht. Es gab einen Weg zurück zum Ziel. Ich habe zwar momentan keine Personalführung und reise nicht mehr, aber die Tätigkeit ist anspruchsvoll. Und mein Chef meinte vor kurzem, ich sollte mich doch wieder um eine Gruppenleitung bemühen – er wäre davon überzeugt, ich würde das auch mit einer Vier-Tage-Woche schaffen!

Ulrikes Gefühl sagte ihr, dass die Betriebsratstätigkeit vielleicht ein Weg zurück zu ihrem eigentlichen Ziel sein könnte. Nehmen Sie sich jetzt die Zeit, hier ein wenig Analyse über den Weg zu betreiben, den Sie gehen bzw. bisher gegangen sind. Wo hat der Zufall Sie in eine bestimmte Richtung getrieben, die zunächst gar nicht zielführend aussah? Wo hat Ihre Intuition den nächsten Schritt für Sie gemacht? Vielleicht erkennen Sie anhand der Liste (Arbeitsblatt 18 im Anhang) ja sogar, in welchen Fällen Ihre Intuition besonders gut funktioniert hat, und können daraus Gesetzmäßigkeiten für die Zukunft ableiten. Oder Sie ziehen daraus einfach nur den Mut, in Zukunft auch ein wenig Intuition walten zu lassen.

Unterscheiden Sie unvorhersehbare Ausnahmen vom Regelfall und gehen Sie entsprechend damit um.

Ein besonderes Augenmerk möchte ich auch auf einen letzten Punkt richten: Wenn ein unvorhergesehenes Ereignis eintritt, betrachten Sie dieses nicht als Regelfall. Vielleicht musste Ihr Kind krank oder verletzt aus der Schule geholt werden, als Sie eine ganz wichtige Präsentation hatten, vielleicht hat es auf den Schotterweg geregnet, durch den Sie mit Ihren Stöckelschuhen waten mussten. Beides sind Einzelfälle, die eintreten können und den schönsten Plan, das schönste Etappenziel zunichtemachen. Aber dies geschieht nicht regelmäßig. Machen Sie einen Haken dran, verbuchen Sie es unter der

Kategorie »Shit happens« und machen Sie weiter. Hören Sie vor allem nicht auf die Neider, die Ihnen in diesem Moment triumphierend unter die Nase reiben, dass sie es doch von Anfang an gewusst haben, dass das alles nichts werden kann. Diese Neider lauern in solchen Fällen in Gummistiefeln am Straßenrand und erklären Ihnen den Vorteil ihres praktischen Schuhwerks, während Sie sich, um ein Lächeln bemüht, aus der Pfütze aufraffen, in der Sie auf den hohen Absätzen ausgerutscht sind. Lassen Sie die Neider mit ihren Stiefeln im Regen stehen, sie sind bestens dafür ausgestattet. Gehen Sie weiter der Sonne entgegen.

Manchmal sind dies die Situationen, in denen der Plan B zum Tragen kommt: Ein kompletter Modellwechsel, ein Modell, das wir genauso begehren wie das ursprüngliche, das ebenfalls hohe Absätze hat, aber ein bequemeres Fußbett. Oder wir können ein Stück barfuß gehen. Lassen Sie im Hinblick auf alternative Wege zur Zielerreichung Ihre Fantasie spielen. Aber ziehen Sie keine Gummistiefel an! Es führen immer mehrere Wege nach Rom, aber es wäre doch langweilig, sich für alle Eventualitäten mit Gummistiefeln zu wappnen. Gummistiefel sind Hemmschuhe.

Die Gründe, warum ein Ziel nicht erreicht wird, können sehr vielfältig sein. Manchmal sind es äußere Faktoren, die temporär auftreten, die wir aber in diesem Moment nicht beeinflussen können, z. B. ein zwischenzeitlich holpriger Untergrund, ein Knick im Teppich, über den wir stolpern. Das heißt, manchmal stellt sich unserem Ziel etwas Unerwartetes in den Weg, ein Kind mit schulischen oder sonstigen Problemen, eine Stelle die gestrichen wird, eine wirtschaftliche Entwicklung. Manchmal machen wir aber auch selbst Fehler,

Lassen Sie im Hinblick auf alternative Wege Ihre Fantasie spielen, aber kehren Sie nicht zurück zu den alten Hemmschuhen.

wir versuchen z. B. zu schnell zu gehen oder wir gehen wie früher in Hemmschuhen und stolpern dadurch. Manchmal liegt es auch daran, dass wir unsere alten Glaubenssätze, z. B. in Form von »Ich muss pausenlos für die Kinder ansprechbar sein!«, nicht modifizieren. Lassen Sie sich von den Erfahrungen der Frauen in diesem Buch inspirieren, gerade weil ihre Beispiele so vielschichtig sind. Vielleicht finden Sie sich ja in dem einen oder anderen Beispiel wieder?

Ausblick

Es kann werden und es wird werden! Sie werden Ihre Stöckelschuhe genießen, Sie werden triumphierend durch die Menge schreiten, mit einer nie da gewesenen Sicherheit, und irgendwann auf einem Foto Ihre alten Hemmschuhe wie Ihren Teenager-Haarschnitt als eine Jugendsünde betrachten und sich fragen: »Wie konnte ich nur …?« Und ich sage Ihnen: Sie konnten nicht nur, Sie mussten, denn ohne diese Hemmschuhe hätten die Stöckelschuhe vielleicht niemals einen derartigen Reiz auf Sie ausgeübt und Sie derart motiviert, das Laufen zu lernen.

Allerdings erfordert der Weg vom Hemmschuh in den Stöckelschuh eine enorme Selbstdisziplin und eine konsequente Abkehr von hinderlichen Glaubenssätzen. Die meisten Frauen mussten lernen loszulassen, in puncto Kinder auch anderen vertrauen. Manche mussten lernen, dem eigenen Mann in dieser Hinsicht zu vertrauen, ihn aber auch in gewissen Entscheidungen vor vollendete Tatsachen zu stellen. Fast alle mussten aber auch lernen, sich selbst zu vertrauen, bei vielen war das Selbstvertrauen komplett auf der Strecke geblieben und sie fragten sich, wohin es verschwunden war. Es war ein großer Schritt, zu sagen: »Hier bin ich, ich konnte schon immer was und ich kann auch heute was!« Lernen Sie, auf das zu fokussieren, was Ihnen gelungen ist. Und das ist eine ganze Menge. Kinder großzuziehen ist keine leichte Aufgabe und alleine in diesem Feld haben Sie sicher einige Erfolge zu verbuchen. Blenden Sie das, was nicht funktioniert hat, aus, nachdem Sie daraus gelernt haben. Was nicht klappt, hilft beim Lernen und bei sonst nichts. Danach muss ein fetter Haken dran. Das Schöne an der Vergangenheit ist, dass sie vergangen ist.

Lernen Sie, klare Ansagen zu machen, klare Forderungen zu stellen. Das können die meisten Frauen nicht gut. Wir sind relativ gut darin, aufzuzählen, was alles nicht funktioniert und was wir nicht mehr wollen, aber wir haben durch die uns anerzogene Bravheit oft nicht gelernt zu artikulieren, was wir wollen, und dies auch klar einzufordern. Nehmen Sie Ihren Partner und Ihnen nahestehende Menschen mit auf Ihre Reise, zumindest auf Ihre Etappenziele, und präsentieren Sie stolz jeden Zentimeter Absatz, den Sie dazu bewältigen.

Und noch ein ganz wichtiger Faktor zum Schluss: Werfen Sie den Perfektionismus über Bord. Sie haben mit Kindern und allem Drumherum und Ihrem Beruf genug um die Ohren. Wenn Sie das alles perfekt haben wollen, werden Sie zum Sklaven Ihrer Umstände! Kommen Sie in den Genießer-Modus. Lernen Sie, die schönen Seiten Ihres Lebens zu genießen, und lassen Sie auch mal fünf gerade sein. 80% zu erreichen ist wichtig, die letzten 20%, die mich von den 100% trennen, sind fast Kosmetik.

Ich wünsche Ihnen von Herzen viel Freude auf den neuen Schuhen. Nehmen Sie das Buch als Schuhlöffel immer wieder zur Hand, überarbeiten Sie Stück für Stück Ihre Glaubenssätze, Ihre Ziele und Ihre Wege zum Ziel. Tasten Sie sich an immer wieder neue Schuhmodelle heran und genießen Sie das souveräne Laufen. Tragen Sie es mit Humor, wenn Sie einmal stolpern. Denn eines sollten Sie nie verlieren: Die Leichtigkeit und die Freude an dem, was Sie tun.

Ich persönlich hole mir einmal pro Jahr meine Ziele noch einmal hervor und schaue, was ich erreicht habe. Ich überdenke meine Wege und hecke neue Ziele aus. Denn ich will ab sofort jedes Jahr sagen: Das war ein tolles Jahr, es hat mich und meine Familie weitergebracht! Das Leben ist schlichtweg zu kurz, um hindurchzuschluffen. Ich will elegant und auf tollen Schuhen hindurchgehen. Kommen Sie mit auf den Weg der Zufriedenheit. Er lohnt sich! Dieses Buch sollte übrigens vor Weihnachten 2011 auf dem Markt sein. Es gab eine Unwegsamkeit, die ich nicht mit eingeplant hatte. Ich habe sie sportlich genommen und bin, wie Sie sehen, an meinem Ziel drangeblieben, obwohl mir der Zeitplan aus den Fugen geraten ist.

Schreiben Sie mir Ihre Erlebnisse mit diesem Buch, positive wie negative. Schreiben Sie mir, wie Sie die Schritte angewendet haben und was dabei herausgekommen ist. Schreiben Sie mir, wenn Ihnen Schritte fehlen oder Fragen offengeblieben sind. Schreiben Sie an buch@train-effect.de. Schreiben Sie mir auch, ob ich Ihre Geschichte – selbstverständlich anonymisiert – auf meiner Webseite unter www.train-effect.de veröffentlichen darf, damit möglichst viele Frauen voneinander lernen, den Weg vom Hemmschuh in den Stöckelschuh zu finden.

Mein Zehn-Schritte-Plan unterliegt genauso Verfeinerungen wie unsere Wege zum Ziel. Und vielleicht findet sich in der nächsten Auflage ja sogar Ihre Geschichte wieder!

Einige Tipps zum Abschluss:

- ***Werfen Sie Ihre alten Glaubenssätze konsequent über Bord.***
- ***Konzentrieren Sie sich auf das, was Ihnen bereits gelungen ist.***
- ***Lernen Sie, klare Ansagen zu machen und klare Forderungen zu stellen.***
- ***Nehmen Sie nahestehende Menschen mit auf Ihren Weg und präsentieren Sie stolz jeden kleinen Schritt, den Sie erreicht haben.***
- ***Schalten Sie vom Perfektionismus in den Genießer-Modus um.***
- ***Haben Sie Spaß daran, neue Schuhmodelle auszuprobieren, und tragen Sie Pannen mit Humor.***

Anhang

In dem folgenden Anhang finden Sie alle Arbeitsblätter, die in den einzelnen Kapiteln angekündigt sind. Da sich oft im Laufe des Prozesses Situationen verändern oder verlagern und da Sie das Buch eventuell auch mehrfach durcharbeiten möchten, empfehle ich Ihnen, diesen Anhang vor dem Ausfüllen zu kopieren, dann können Sie auf die Seite immer zurückgreifen.

Alternativ finden Sie diese Dokumente in meinem Downloadbereich auf der Webseite www.train-effect.de.

Arbeitsblatt 1

Der Vieles-ist-unmöglich-Planet

Was lasse ich zurück?

____

____

____

____

Welche meiner Eigenschaften lasse ich zurück?

____

____

____

____

Wen lasse ich zurück?

____

____

____

____

Arbeitsblatt 2

Der Alles-ist-möglich-Planet

Wie sieht es hier aus?

____

____

____

Wonach duftet es hier?

____

____

Mein Glücksgefühl (Beschreibung):

____

____

____

Wer mit mir fliegt (Name):

____

____

____

Beschreibung der Person:

____

____

____

Arbeitsblatt 2

Wer wohnt hier?

Wie werde ich begrüßt?

Mit welchen Worten werde ich begrüßt?

Wie sieht es hier aus?

Wie sieht mein Traum aus, wenn ich auf ihn zugehe?

Arbeitsblatt 3

Mein Wunsch ______________________ geht nicht, weil ich ...

____

____

____

____

Mein Wunsch ______________________ kann nicht gehen, weil ich ...

____

____

____

____

Ich kann ______________________ nicht, weil ...

____

____

____

____

Arbeitsblatt 4

Weil ………………………………………………………………………………,

denn schließlich bin ich es, die … ____________________

____

Weil ………………………………………………………………………………,

denn schließlich bin ich es, die … ____________________

____

Weil ………………………………………………………………………………,

denn schließlich bin ich es, die … ____________________

____

Weil ………………………………………………………………………………,

denn schließlich bin ich es, die … ____________________

____

Weil ………………………………………………………………………………,

denn schließlich bin ich es, die … ____________________

____

Arbeitsblatt 5

Meine drei stärksten Glaubenssätze:

1. ____

2. ____

3. ____

Arbeitsblatt 6

Meine neuen Glaubenssätze:

1. ______________________________

____

____

____

____

2. ______________________________

____

____

____

____

3. ______________________________

____

____

____

Arbeitsblatt 7

Lebensbereich: Karriere

Titel: ______________________________

____

Wichtigste Personen:

____

____

____

Meine Vision:

____

____

____

____

____

____

____

Arbeitsblatt 8

Lebensbereich: Beziehungen

Titel:

Wichtigste Personen:

Meine Vision:

Arbeitsblatt 9

Lebensbereich: Fitness

Titel: ______________________________

____

Wichtigste Personen:

____

____

____

Meine Vision:

____

____

____

____

____

____

____

Arbeitsblatt 10

Lebensbereich: Sonstiges

Titel: ______________________________

____

Wichtigste Personen:

____

____

____

Meine Vision:

____

____

____

____

____

____

____

Arbeitsblatt 11

Meine Vision:

____

____

____

____

Meine drei bis fünf größten Ziele zu der Vision:

1. ______________________________

____

2. ______________________________

____

3. ______________________________

____

4. ______________________________

____

5. ______________________________

____

Arbeitsblatt 12

Ziel:

____

____

Inhalt:	Zeithorizont:
Schritt 1:	
Schritt 2:	
Schritt 3:	
Schritt 4:	
Schritt 5:	
Schritt 6:	

Arbeitsblatt 13

Was ich ab heute nicht mehr tue!

Arbeitsblatt 14

Mein Hindernis	***Wie ich es überwinde***
1. Eigene Zweifel	
- Bsp.: *Bin ich wirklich auf dem richtigen Weg?*	- *Lesen der abendlichen Aufstellung meiner Erfolge.*
2. Zweifel von anderen	
- Bsp.: *Meine Mutter, die findet, ich mute mir zu viel zu.*	- *Ich male mir aus, wie ich meiner Mutter erzähle, was ich alles erreicht habe.*
3. Potenzielle Hindernisse	
- Bsp.: *Mein Chef erwartet längere Arbeitszeiten.*	- *Ich male mir aus, wie ich meinem Chef beweise, dass ich die Arbeit auch in 80% der Zeit schaffen kann.*

Arbeitsblatt 15

High-Heel-Lovers	**Gesundheitslatschen-fraktion**	**Langsame Anpasser**

Arbeitsblatt 16

Mein Hindernis	***Wie ich es gar nicht erst entstehen lasse***
1. Eigene Zweifel	
2. Zweifel von anderen	
3. Potenzielle Hindernisse	

Arbeitsblatt 17

Ziel:

____

____

Inhalt:	Zeithorizont:	Meine Belohnung:
Schritt 1: ____________	____________	____________
Schritt 2: ____________	____________	____________
Schritt 3: ____________	____________	____________
Schritt 4: ____________	____________	____________
Schritt 5: ____________	____________	____________
Schritt 6: ____________	____________	____________

Arbeitsblatt 18

Situation	*Intuitive Entscheidung*	*Ergebnis*
Z. B.: Suche nach einer Kinderfrau, die alle Fahrten übernimmt.	Entscheidung für die sympathische Kinderfrau ohne Auto.	Die Kinder kommen völlig selbständig mit öffentlichen Verkehrsmitteln überall hin, auch wenn es anfangs sehr kompliziert und zeitaufreibend war.

Über die Autorin

Katrin Seifarth wurde 1970 geboren. Nach Abschluss ihres internationalen BWL-Studiums an der European Business School und zwei Auslandssemestern in London und Buenos Aires begann sie ihre Karriere im Brand Management des Konsumgüter-Riesen Procter & Gamble. Dort war sie mit Unterbrechung durch die Kinderpause neun Jahre u.a. in leitenden Managementpositionen tätig und hat viele multifunktionale Teams und zahlreiche Mitarbeiter geführt.

Mit ihrem ersten Kind wagte sie den Schritt in die Selbständigkeit und begann Trainings und Seminare in den klassischen Soft Skills zu konzipieren. Dabei war es ihr immer wichtig, mit einfachen Modellen zu arbeiten und diese durch viele Übungen und Praxisbeispiele bei den Teilnehmern nachhaltig zu verankern. Zu oft hatte sie selbst Seminare besucht und die Inhalte mit Abschluss des Seminars wieder vergraben.

Sie ließ sich zum systemisch-konstruktivistischen Coach und NLP Practitioner qualifizieren und komplettierte ihre Seminare um eine starke Coaching-Komponente. Als Mutter zweier Kinder hat sie einen starken Bezug zu Themen wie »Spagat zwischen Familie und Beruf«, »Karriere beim Mann oder bei der Frau« sowie zum Thema »Frauen im Geschäftsleben«. In vielen Trainings und Coachings beobachtete sie, wie Frauen und vor allem Mütter sich selbst limitieren. Das Thema ließ ihr keine Ruhe, sodass sie eine Reihe von Gruppen-Coachings anbot, um den Ursachen und vor allem den

Auswegen aus diesen Sackgassen auf den Grund zu gehen. Die Erfahrungen aus diesen Gruppen hat sie in dem praxiserprobten Zehn-Schritte-Konzept zusammengefasst, welches diesem Buch zugrunde liegt.

Katrin Seifarth arbeitet außerdem als Moderatorin für Firmen-Workshops oder Events.

Weitere Informationen unter www.train-effect.de.

Literatur

Asgodom, Sabine; Bock, Petra; Volk, Theresia; Mahler, Ursu: Die Frau, die ihr Gehalt mal eben verdoppelt hat … – 25 verblüffende Coaching-Geschichten. Kösel-Verlag, 2008.

Backhausen, Wilhelm; Thommen, Jean-Paul: Coaching: Durch systemisches Denken zu innovativer Personalentwicklung (uniscope. Die SGO-Stiftung für praxisnahe Managementforschung). Gabler Verlag, 2006.

Betz, Robert: Raus aus den alten Schuhen! + CD: Dem Leben eine neue Richtung geben. Integral, 2008.

Byrne, Rhonda: The Secret – Das Geheimnis. DVD, 2006.

Covey, Stephen R.: 7 Habits of Highly Effective People. Simon & Schuster UK, 2004.

Covey, Stephen R.; Merrill, A. Roger; Merrill, Rebecca R.: First Things First. Free Press, 1996.

Buckingham, Markus; Clifton, Donald; Matyssek, Volkhard: Entdecken Sie Ihre Stärken jetzt!: Das Gallup-Prinzip für individuelle Entwicklung und erfolgreiche Führung, campus 2007.

Gray, John: Men Are from Mars, Women Are from Venus: The Classic Guide to Understanding the Opposite Sex. Harper Paperbacks, 2004.

Hill, Napoleon: Denke nach und werde reich: Die 13 Gesetze des Erfolgs. Ariston Verlag, 2006.

Pease, Allan & Barbara: Warum Männer nicht zuhören und Frauen schlecht einparken: Ganz natürliche Erklärungen für eigentlich unerklärliche Schwächen. Ullstein Taschenbuch, 2000.

Rath, Tom: Strengths Finder 2.0: A New & Upgraded Edition of the Online Test from Gallup's Now, Discover Your Strengths. Perseus Distribution, 2007.

Rohnke, Karl; Butter, Steve: Adventure Games, Initiative Problems, Trust Activities and Guide to Effective Leadership. Kendall/Hunt Publishing Co, U.S.; Auflage: Reprint (31. Dezember 1996).

Seiwert, Lothar J.: 30 Minuten für deine Work-Life-Balance. Gabal Verlag, 2001.

Zimmermann, Walter: Mach endlich, was du willst! Wie du dein Schicksal selbst in die Hand nimmst. Campus Verlag, 2008.

www.club-positiv.de